教育の原理と
アクティブ・ラーニング

Yoshida Takashi
吉田卓司

教育方法の実践研究

三学出版

目次

第2部　実践編

序章－21 世紀の教育とアクティブ・ラーニング

　21 世紀の日本において、「アクティブ・ラーニング」は、教育方法論上において重要な意味を担い、教育政策の面でも論争を巻き起こしている。2012 年の中央教育審議会(中教審)による『新たな未来を築くための大学教育の質的転換に向けて－生涯学び続け、主体的に考える力を育成する大学へ』(答申)が「従来のような知識の伝達・注入を中心とした授業から、教員と学生が意思疎通を図りつつ、一緒になって切磋琢磨し、相互に刺激を与えながら知的に成長する場を創り、学生が主体的に問題を発見し解を見いだしていく能動的学修(アクティブ・ラーニング)への転換が必要である」と記され、これらの答申を受けて作成された 2020 年からの『学習指導要領』では、アクティブ・ラーニングは「主体的・対話的で深い学び」という言葉に置き換えられて、その導入がすすめられてきた。

　これらの答申に基づいて改訂された学習指導要領が 2020 年に小学校から導入され、翌 2021 年に中学校、翌々年の 2022 年に高等学校に適用された[1]。これらの新学習指導要領の実施は、教育方法論を考察する上で、非常に大きなターニング・ポイントといえよう。

　従前の学習指導要領に比して、小学校における教科としての「英語」の必置、高等学校の公民科における新科目「公共」の設置など、教科・科目設定の変更に加えて、これまでの要領が「何を学ぶか」という学習内容の記載にとどまっていたのに対して、新しい学習指導要領は「主体的・対話的で深い学び」(アクティブ・ラーニング)の実施を教育現場に求め、教育方法のあり方についても提示している(「主体的・対話的で深い学び」とアクティブ・ラーニングの意義については後述)。

　もう一つのターニング・ポイントは、COVID-19 の感染拡大である。この感染防止策として、教育現場では、初等教育から高等教育まで、リモート授業をはじめとする情報通信技術(ICT)の活用が急速に進んだ。このことは、大学における教員養成にも少なからず、影響を与えた。教職課程のなかに「情報通信

技術の活用」を含めることが必須とされ、2022 年度からは教育方法論等の学修内容に付加されるなど、多くの大学で教員養成のカリキュラムが変更された。

本書と『教育方法原論』

　本書は、拙著『教育方法原論－アクティブ・ラーニングの実践研究』(2013 年)の後継書である。前書は、筆者の高等学校における教育実践例を中心に、アクティブ・ラーニングのあり方を論じたものであり、日本のアクティブ・ラーニング論の嚆矢とされてきた[2]。しかし、前述のように近年の教育方法論を取り巻く状況が変化し、特に ICT 活用とアクティブ・ラーニングに関する実践と研究の進展に大きな変容が見られた。これらの動向に対応するため、前著『教育方法原論』を全面改訂し、新著として本書を刊行することとした。

　けれども、前書と同様、人間に対する教育の方法の捉え方に関しては、普遍的な側面と、歴史的、地理的、文化的に多様な側面の両面からの考察が求められるという基礎的理解は共有されている。

　その普遍性の観点からは、学校教育が、家庭や地域の教育実践に教えられることもあり、古今の教育哲学からも学ぶべきことも多々ある。古代ギリシャの哲人ソクラテス(紀元前 470 年頃 – 紀元前 399 年)が、都市国家アテネの道端や広場で、若者たちに「よりよく生きるとは何か」と問いかけた教育実践こそは、その典型の一つである。ソクラテスの思想は、問答法という「教育方法」を通じて、弟子プラトン(紀元前 427 年 – 紀元前 347 年)をはじめ、2000 年以上の時をこえて、後世の人に大きな影響を与えている。そして、これからも、知的対話によって学習者自身が、自己を覚知し、社会への認識や事物に対する理解を深める「ソクラテス・メソッド」は、未来の教育実践にも貴重な示唆を与え続けている。

　また、後述するように、日本の近現代の教育史を振り返ると、アクティブ・ラーニングの源流が、先人の教育実践と研究活動のなかに存することも忘れてはならない。そこには、児童生徒らにとって「より良い教育とは何か」を実践的に探究しようとする教育者の理念があり、教育論を考察するうえで、最も基本的で普遍的な視座を提供している。教育方法論を考察する上で、本書は、こ

のような教育実践と研究の基盤を継承するものである。

教育方法論の基礎－本書の概要

　本書は、教育方法論の普遍的な存在意義に留意しつつ、現代から未来に生きる子どもたちにとって、より良い教育とは何かを考えるための検討材料である。ここで紹介する教育実践は、私自身が高校教員及び大学の教職課程担当教員として取り組んだものが中心である。その意味では、本書の検討対象は限定的であるが、本書の目的は、児童、生徒、学生らに対して、「指導者がどのような教育活動を展開することで、学習者自身にとって、一定の時間と環境の下で、如何に効果的な教育を行い得るか」を、実践的かつ実証的に明らかにすることである。

　また、より良い学習活動とは何かを探究しようとする際に、重要なことは、教育方法と現代社会との関係性を自覚的に考えていくことである。言い換えれば「日本国憲法や教育基本法が掲げる国家像とはどのようなものか」、「開かれた教育課程」における「地域連携のあり方をどのようにとらえるか」といった、教育と社会との関係性は、教育方法論においても本質的な課題である。渡辺淳は「アクティブ・ラーニングは個々人の能力開発だけでなく、次世代の市民形成にも連動している。次代を担う若者たちに、どんな学びの場を提供し、市民としてのどんな共通体験をもってもらうのかということと表裏の関係にある。日本の民主主義の帰趨にかかわる」[3]と述べている。すなわち、より良い教育はより良い社会の創生に結びつき、悪しき教育は社会の劣化につながるのである。そのような意味で、本書で取り上げる教育実践の評価において、「平和で民主的な国家及び社会の形成者」(教育基本法1条)の育成に寄与し得る教育方法であるか否かという点は、極めて重要な評価規準の一つである。

アクティブ・ラーニングとは－本書の目的

　筆者がアクティブ・ラーニングに取り組んできた第一の理由は、アクティブ・ラーニングの教育効果を私自身が、教育実践のなかで実感してきたからに他な

らない。また、アメリカの National Training Laboratories が 1960 年代に調査した「学習定着率」によれば、講義形式によって学んだ内容は、半年後において 5 % の定着率であり、視聴覚教材を用いた場合は 20 %、グループ討議をした場合は 50 %、実体験（実習）の場合は 75 %、他者に教えた場合は 90 %の定着率であったという[4]。その数値の実証性については議論があるものの、この「Learning Pyramid」（図表 0-1）と呼ばれる学習定着率の図表が半世紀以上も、多くの教育関係者に引用されてきたことは事実である。それは、ここに示された教育方法による学習効果の差異が、多くの教育関係者から一定の妥当性を認められてきたからであろう。いわば、児童・生徒が能動的に学習活動に参加すればするほど、その学習内容の定着度が向上するということである。

　本書では、アクティブ・ラーニングの活用事例を、視聴覚機器や情報機器の活用も含め、具体的に紹介し、再検証する。コロナ禍の下で ICT の活用が急速に進んだことは事実であるが、それ以前から ICT を含む教育機器の活用は、教育方法論上の主要なテーマでありつづけてきた。本書では、ICT の活用の黎明期ともいうべき 1980 年代から今日までの ICT 教育の展開を振り返りつつ、ICT の活用の今後の展望について考察を加える。

図表 0-1 教育方法による学習定着率の差異 (The Learning Pyramid)

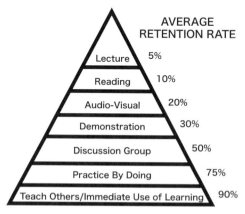

本図は、下記の Internet web site を参照、引用したものである。
http://siteresources.worldbank.org/DEVMARKETPLACE/Resources/Handout_
TheLearningPyramid.pdf http://www.hsvclc.org/iw/

アクティブ・ラーニングの定義について

　2012年の中教審答申は、「アクティブ・ラーニング」を「主体的・対話的で深い学び」の実現のために「共有すべき授業改善の視点として、その位置付けを明確にする」とした。これを踏まえて告示された学習指導要領では、法令の一種である「告示」の形式で出されることから「アクティブ・ラーニング」という言葉自体は規定せず、「主体的・対話的で深い学び」という表現で、アクティブ・ラーニングの主旨を規定し、各教科等の「指導計画の作成上の配慮事項」とした。

　本書では、アクティブ・ラーニングを、中教審答申の定義に比して、より広義に「能動的な学習形態の全体を指すもの」と解すると同時に、アクティブ・ラーニングの内実として「学習者の主体性の尊重」、「学習における対話の重視」、「学習理解の深まり（学んだことを自律的に活用できることを含む）」を重視するものである。そして、本書は、そのような意味において、アクティブ・ラーニングの積極的な活用方法を論じるものである[5]。

　なお、アクティブ・ラーニングは、講義形式の受動的教育方法との対立的概念であり、ICT活用授業は対面指導に対比して論じられることもある。しかし、教育現場においては、二つの教育方法は二律背反ではない点を十分に留意しなくてはならない。むしろ、講義による体系的知識の理解とアクティブ・ラーニングの両者のバランスの取れた学習計画、対面授業と併存したICT活用法の立案・実施が、児童・生徒の総合的な学力の向上に効果的である。

　本書で取り上げる実践例の多くは、それぞれの科目の学習時間数のうち、相当な部分を対面式の講義型授業として実施している。言いかえれば、対面の講義やICT活用によって獲得された体系的知識を前提に、アクティブ・ラーニングを導入することで、さらに抽象的な概念の理解を深めたり、知識・技能を実践的に活用する力が育成できるのである。

　要するに、講義による教科・科目の体系的理解とアクティブ・ラーニングは、児童・生徒にとって有意義な学習活動を進めていくための両輪である。また、今日の教育実践においては、日々進化し続けるICTを有効に活用し、バランスの取れた授業計画と教育方法を考え続けていかなくてはならないのである[6]。

　そのような意味でも、本書に取り上げた、アクティブ・ラーニングや ICT
活用の事例を参照する際、様々な教育方法を「どのようにバランスをとって実
践しているか」についても、留意して読まれることを賢明なる読者にお願いし
たい。

学習ネットワークの構築

　本書の第二のキーワードは、「学習ネットワークの構築」である。本書で取り
上げる教育実践は、学校という枠組みのなかで完結することを意図していな
い。すなわち、常に子どもたちの家庭や彼らの住む地域や社会との関係性を意
識して、教育実践されてきた。

　私は、教育が実りあるものになるためには、学習ネットワークの構築が不可
欠であると考えている。「学習ネットワーク」とは、「絆」ないしは「連携」と言
いかえてもよい。

　その学習ネットワークとしての「絆」の形態は、およそ、3つの領域に分け
て考えることができるであろう。

　第一は、教室内外での児童・生徒相互間の学習ネットワークである。児童・
生徒相互間のネットワークには、2、3人程度の少人数グループを単位とした
ものからクラス単位・学年単位・学校単位のものまで、様々な規模がありうる
が、集団的なネットワークの形成が重要である。それは、一言で言えば、児童・
生徒の「お互いの学びあい」ということである。子どもが子どもから学ぶこと
の影響力の大きさは、大人からのそれに比して、決して小さくないし、むしろ、
同年代の友達の影響は、はるかに大きいように感じられる。その点から考えて
も、児童・生徒相互間のネットワークを効果的に構築し、それを学習に活用す
ることは、教育方法の改善を考える上で、最も重要なポイントである。

　第二は、学校の教職員による学習ネットワークである。たとえば、図書館を
利用した調べ学習、視聴覚や情報機器を用いた教育活動には、学校図書館司書
やそれらの機器に精通した実習助手、支援員らとの教職員間の連携は不可欠で
ある。また、同一教科内の教員間の共通理解と連携はもちろんのこと、他教科
教員あるいは専門分野の異なる教員との連携と情報交換は、アクティブ・ラー

ニングの実施にとって非常に重要な基盤となる[7]。

　そして、第三に校外に広がる世界とのネットワークである。後章のなかでも明らかになるが、アクティブ・ラーニングのフィールドも、家庭、地域、そして世界へと、校外の社会につながっている。そして、生徒たちは、地域の中で学び、学習成果を世界に発信していくことによって、自尊心、達成感、自己覚知、社会認識を高めていくのである。

　言いかえれば、教育活動は、学校のなかだけで完結するものではない。教育の成果は、むしろ学校の外の社会においてこそ、評価されるべきものである。教育方法論の実践と研究も、そのような評価に耐えうる効果を提示していかなくてはならないであろう。

　このように、子ども同士、教職員相互、学校と社会、これら三つの領域における学習ネットワークをどのように構築し、授業の活性化のために、アクティブ・ラーニングとICTをどのように活用するかが、教育活動の成否の鍵を握っているといっても過言ではない。

アクティブ・ラーニングと学習ネットワーク（連携）の構築が目指すもの

　ここで指摘しておきたいことは、ややもすると、アクティブ・ラーニングという手法が、学習定着の効率を高めることだけに矮小化される傾向がなくはないということである。

　今日、市場経済的競争原理と格差社会という経済的不平等が露骨に教育現場に持ち込まれている。この新自由主義教育政策は、子どもと保護者の「自己責任」で、学校の選択、学校内ではコース（学級）の選択をさせることによって、教育内容の差別化を公然と容認するものである。実際に、このような教育政策が、格差是正どころか、家庭の経済格差を学力格差と結びつけていることが、公的統計も含め、実証的にも明らかになってきている[8]。

　現代の日本をはじめとする多くの国の子どもたちは、過当競争に生き残るための、孤独な戦いを強いられているといってよい。

　そのようななかで、アクティブ・ラーニングの実践は、子どもと教職員が、ともに学習を通じて、しっかりとした人間的ネットワークを形成し、このよう

な社会構造の不公正な側面など今日の社会問題について、その改善に主体的に取り組める力を子どもたち自身に育成しうる点に、教育的、社会的な有意性がある。前述のように、学習ネットワークは、「絆」と言いかえることができるが、その人間的な「絆」の強化や関係性の構築に貢献しうる点に、アクティブ・ラーニングの今日的な存在価値があるともいえる。そして、学習ネットワークの構築とその広がりが、世界の人々ともつながることによって、国際社会の真の発展、平和と共生に寄与することを期待したい。そもそも、このような目標は、学校のみならず、家庭、地域も含めた教育活動全体の究極の目的とされねばならない。

教育方法論の研究目的と問題意識

　よりよい教育は、よりよい社会を生み出す力となる。よりよい未来を作り上げる力は、今の子どもたちのなかに内在している。アクティブ・ラーニングと学習ネットワークの構築は、子どもたちが、子どもたち自身の力で、その力を合わせて幸せな共生社会を生み出していく力の育成に結びつけられねばならない。

　時代とともに、教育方法も進展し、利用できるツールも進歩する。その進化を考えれば、ここに紹介する実践も、教育方法の完成型ではなく、未来の教育という視点から見れば、未完の作品にすぎない。その意味では、本書は、敢えて未完成な実践例を提示することを通じて、将来の教育のあり方を考える素材を提供したいと思う。なぜならば、教育の進展は、真摯な反省と建設的な批判の蓄積なしにありえないからである。そして、私自身、これまでの教育実践を振り返り、現時点における総括をすることで、さらに教育方法の進化を目指したいと考えている。

　本書において論じる教育方法論の実践研究は、このような目的と問題意識をもって取り組まれたものであることを、はじめに記しておきたい。

〈問題演習1〉　アクティブ・ラーニングとは

設問　次の文章のうち、アクティブ・ラーニングの説明として、最も不適当な
　　　ものを一つ選びなさい。

1. アクティブ・ラーニングは、学修者の能動的な学修への参加を取り入れた
　　教授・学習法の総称である。
2. 学修者が能動的に学修することによって、認知的、倫理的、社会的能力、教養、
　　知識、経験を含めた汎用的能力の育成を図ることができる。
3. 発見学習、問題解決学習、体験学習、調査学習等が含まれるが、教室内で
　　のグループ・ディスカッション、ディベート、グループ・ワーク等も有効
　　なアクティブ・ラーニングの方法である。
4. 新しい時代に必要となる資質・能力の育成には、「どのように学ぶか」とい
　　う方法論ではなく、「何を教えるか」という知識の質や量などの学修の結果
　　が重視されます。そのためには、教師の発問スキルとICT活用力の向上が
　　重要である。

　解答　　4
〈解説〉
　　中央教育審議会の『用語集』では、アクティブ・ラーニングを「教員による一
方向的な講義形式の教育とは異なり、学修者の能動的な学修への参加を取り入
れた教授・学習法の総称。学修者が能動的に学修することによって、認知的、
倫理的、社会的能力、教養、知識、経験を含めた汎用的能力の育成を図る。発
見学習、問題解決学習、体験学習、調査学習等が含まれるが、教室内でのグルー
プ・ディスカッション、ディベート、グループ・ワーク等も有効なアクティブ・
ラーニングの方法である」と記している。したがって、1、2、3の文章は正解
である。また、2020年から実施されている学習指導要領は、「何を知り、何
ができるか」という知識・技能の質と量に加えて、「知識・技能をどのように
用いるか」、「学びの成果を、自分のため、より良い社会のためにどのように
活かせるか」という資質・能力の活用力を身につけることを目指している。そ
のために、どのように学ぶかという方法において、アクティブ・ラーニングの

導入に積極的に取り組むことが重視されている。したがって、4は不適切な文章となる。

　また、「ファカルティ・ディベロップメント」、「ルーブリック」など、『用語集』に記されている他の教育用語についても、意味と内容を理解しておきたい。

参考資料
・ 中央教育審議会答申『用語集』（平成 24 年）https://www.mext.go.jp/component/b_menu/shingi/toushin/__icsFiles/afieldfile/2012/10/04/1325048_3.pdf

注
1) 本書において、特に記載がない場合は「学習指導要領」は、小学校（平成 29 年）、中学校（平成 30 年）、高等学校（平成 31 年）の学習指導要領を指す。
2) 竹内久顕（2014）「情報機器を活用した国際理解教育の工夫」立教大学教職課程『教職研究』24 号 pp.35-43、谷山優子（2016）「教職課程におけるアクティブ・ラーニングの実践とその効果」神戸女子大学文学部紀要 49 巻 pp.135-149、森戸幸次「『アクティブラーニング』理念と実践（前編）－「21 世紀型」人間教育がめざすもの－」『環境と経営』22 巻 1 号 pp.11-26、吉田成章、松田充、佐藤雄一郎（2017）「中学校・高等学校におけるアクティブ・ラーニングの類型と実践的課題」『学校教育実践学研究』23 巻 pp.57-64、など。
3) 渡辺淳（2020）『アクティブ・ラーニングとは何か』（岩波新書）「はじめに」より抜粋。
4) 学習定着率に関する「Learning Pyramid」の出典は "National Training Laboratories" とされているが、その実証的データの詳細は不明である。
5) 「アクティブ・ラーニング」の用語に関し、溝上は「一方向的な知識伝達型講義を聴くという（受動的）学習を乗り越える意味での、あらゆる能動的な学習」を「アクティブラーニング」と学術的に定義し、中教審や文部科学省の施策用語としての「アクティブ・ラーニング」と区別して用いている（溝上慎一（2014）『アクティブラーニングと教授学習パラダイムの転換』東信堂）。松下は「単にアクティブであるだけでなく、ディープでもあるべき」とし、学習の形態に焦点をあてる「アクティブ・ラーニング」ではなく、学習の質や内容の深さに重点をおく「ディープ・アクティブラーニング」を唱道する（松下佳代（2015）『ディープ・アクティブラーニング』勁草書房）。本書では「アクティブ・ラーニング」の表記を用いるが、その定義は中教審等のそれにとらわれるものではない。また、本書の実践例が示すように、本書が論じる「アクティブ・ラーニング」は、学習形態の構造化を目途とするのではなく、理解の深化と行動変容ひいては社会進歩へと結びつくべきものととらえている。その意味では、溝上、松下の「アクティブ・ラーニング」に対するクリティカルな視点は、本書における考察の方向性と軌を一にする。
6) アクティブ・ラーニングに関して、河合塾（2011）『アクティブラーニングでなぜ学生が成長するのか－経済系・工学系の全国大学調査からみえてきたこと』東信堂 pp.1-3、溝上慎一「アクティブ・ラーニング導入の実践的課題」名古屋高等教育研究第 7 号（2007 年）pp.269-287。
7) 吉田卓司（2023）「カリキュラム・マネジメントと地域連携－カリキュラム・マネジメントの考えを深めるために（5）」（11 章）；児玉祥一、佐藤光友、奥野浩之（編著）『考えを深めるための教育課程』ミネルヴァ書房 pp.157-171。
8) お茶の水女子大学文部科学省委託研究「平成 25 年度全国学力・学習状況調査（きめ細かい調査）の結果を活用した学力に影響を与える要因分析に関する調査研究」https://www.nier.go.jp/13chousakekkahoukoku/kannren_chousa/pdf/hogosha_summary.pdf 参照。

第 1 部　理論編

第 1 章
教職課程におけるアクティブ・ラーニングと ICT の活用

第 1 節　アクティブ・ラーニングの本質と ICT の活用

　2018（平成 30）年度から、小学校では改訂された学習指導要領が実施され、高等学校についても 2020 年度から年次進行で施行されている。その最大の特徴は、従来の教育内容の骨子を定めるだけでなく、教育方法にも言及し、特にアクティブ・ラーニングの推進を全国の学校に求めている点にある。そして、それだけでなくアクティブ・ラーニングの一環として、ICT（Information and Communication Technology）及び CAI（Computer-Assisted Instruction）を活用した学習の取組も求めている。教材の面では、紙の教科書の使用を義務づけてきた学校教育法など関連法が改正され、タブレット端末などで読む「デジタル教科書」が、2019 年 4 月から使えることになった。これを契機として、ペーパーベースの教材と併行してデジタル教科書等の導入する学校が増加すると見込まれている。

　そのような学習環境の変革のなかで、日本の教員養成、とくに大学における教職課程教育とアクティブ・ラーニングの関係は、切っても切れない関係にある。そして同時に、ICT 等を効果的に活用できる能力は、ますます重要な教員の資質となってきている。

　私自身も大学の教職教育において、これらの状況に対応するため、教員免許取得を目指す学生に、ICT 活用の知識と実践的スキルを身につけることを目的に、タブレット等の ICT 機器を用いたアクティブ・ラーニング型授業の実践的な演習に取り組んできた。

　教職課程を有する大学では、教育実習に 3 週間以上の授業日数を充てている大学は多く、それに加えて実習の事前事後指導や教職実践演習が必修科目として設定されている。小中高教諭の教諭免許と並行して、養護教諭免許や保育

士免許等が取得できる大学では、それぞれの実習と事前事後の指導や演習が付加されている。そして、私の勤務大学のように、看護師等の養成課程のある医療系大学・学部では、基礎看護学実習から始まり、小児、母性、成人（急性期・慢性期）、老年、在宅といった臨地実習やその事前事後学習としての学内実習や演習があり、総仕上げとしての統合看護実習や卒業研究（卒業論文作成）が行われる。

　当然、これらの演習、実習、研究は、資格取得や卒業（学士等の学位取得）のために、多くの大学では、すべてが必修科目といってよい。それらの専門に関する座学の多くでも、その後の実習のため、そして臨床現場における実践力を得るために数々のアクティブ・ラーニングが取り組まれている。

　近年は、高等教育改革の一環としても、講義型授業におけるアクティブ・ラーニングの積極的な導入がはかられているが、ここで留意しなくてはならない点は、「演習や実習はアクティブ・ラーニング」であり「講義はアクティブ・ラーニングではない」というステレオタイプな理解は、誤りであるという点である。

　教職課程科目として行われている演習や実習は、少なくとも外形的には、「教員による一方向的な講義形式の教育とは異なり、学修者の能動的な学修への参加を取り入れた教授・学習」[1]である。しかし、仮にこれらの演習や実習が、単に教員等の指示にしたがって行うだけで、そこに学修者の自律的思考や主体的判断がなければ、一見「能動的」な実習や演習も、決して本当の意味でのアクティブ・ラーニングとは言えず、そこに期待される教育成果も達成されないであろう。

　逆に「一方向的な講義形式」の授業に見えても、知的好奇心を呼び覚ます発問や授業者と学修者の対話が盛り込まれた講義は、学修者の思索を深め、今後の主体的な探求や学習に連動するだろう。そのような知性を活性化し、探究心をそそる講義もアクティブ・ラーニングの一形態に含めてもよいかもしれない。

　その意味では、文科省が例示する「発見学習、問題解決学習、体験学習、調査学習」、「教室内でのグループ・ディスカッション、ディベート、グループ・ワーク」[2]といった学修形態自体に真の教育的価値や本質があるのではない。佐藤郡衛目白大学学長は、既成の枠組みを疑ってかかる「批判的思考力」、多様な視点や立場から物事を捕えなおす「知識構成力」、葛藤や対立を乗り越えて

異質な集団とも交流できる「人とかかわる力」、「誰とでも仲良く」という虚構をこえて差異を当然に受け入れる「差異を受容する力」、既成の社会・国家の枠組みのなかで考え、活動するのではなく、社会や政治の枠組みを創造する「自律性」の 5 つを「学校が子どもたちに育てるべき力」に挙げている[3]。今日のアクティブ・ラーニングに求められていることは、教授者と学修者間のみならず、学修者相互や社会との知的交流を通じて、学修者たちが主体的・協働的・自律的に学ぶ場をつくることであろう。

　本章では、そのような視点から、私自身の現在の教職教育の実践を紹介しつつ、アクティブ・ラーニングのあり方について省察してみたい。

第 2 節　アクティブ・ラーニングの多様性
―ロールプレイ・グループ討議・模擬授業など

（1）入学式後のホームルームで担任教師として自己紹介する

　クラス担任の教員として、児童生徒との関係性を醸成するうえで、担任する児童生徒と初めて相対するホームルームで、どのような話を児童生徒にするかは、第一の山場といってよいだろう[4]。

　教職課程の 1、2 年次科目（「教育原論」など）では、教員採用試験の出題例として、このような課題を提示し、各自のワークシートに「教員としての自己紹介」を記入し、自分のワークシートの原稿をもとに実際に、受講者に対して自己紹介をしてもらう機会を設けている（一人 3 ～ 5 分程度）。この「自己紹介」のワークを全員に実施するためには、受講者を 1 グループ数人程度のグループに分けて、グループ内で相互に話し手と聞き手となってもらい、聞き手の受講者には、対象学年に応じて（想定校種学年の児童生徒の視点から）、話し手（教師役）の学生に対する発問を行うことを通じて、一定の時間内で受講者全体での質疑・討議を行うようにしている。

　このワークの評価として、児童生徒が、「担任教員に話しかけたくなるような話題の提供ができているか」、「担任がどのようなクラスづくりをしたいと考えているかを伝えられたか」といった視点を提示するとともに、聞き手の受講学生から、話の内容や話し方について、意見等を口頭でフィードバックして

もらうとともに、グループワークの最後に、意見・感想だけでなく、自他の「自己紹介」について改善提案を全員がワークシートに記してグループワークの評価材料としている。

　2020年以降は、ワークシートの回収をペーパーレスで、Web上での回収とすることにしている。その方が、記入内容の相互閲覧が可能で、回収・返却の作業に遺漏が少なく、教員からのコメント付与やリフレクションがしやすいからである。

（2）生徒指導の場面を想定して

　生徒指導に関する講義では、遅刻、いじめの場面のほか、様々な課題を有する生徒への対応事案にどのような対応が望ましいかをロールプレイ型のアクティブ・ラーニングで学修する

　模擬事例として「明朗快活だが、落ち着きのない生徒が、昼休みの後や教室移動があると、次の授業時に遅刻が多く、今回の授業にも数分遅れて入室してきた。その場で、どう指導するか」、生徒や教師の非行・違法行為への遭遇として「休み時間に校内を歩いていたとき、煙草を吸っている生徒がいた。どう対応するか」といった、数例の場面状況を設定し、先生役、生徒役などを演じることを通じて、生徒理解を深め、適切な指導とはどのような対応かを具体的に理解し、実践的な生徒指導力を育成することを目指している[5]。

（3）ロールプレイの留意点

　ロールプレイを講義時に行う場合に、留意している点は、ロールプレイを見ている観客側の学生が、演じている学生と同様「自分ならどのように対応するか」を考えられるかである。

　まず、第一に、プレイヤーだけでなく、観客側の学生も含めた「全学生が問題状況への対応のあり方を考える」ということである。ロールプレイ時には、状況設定を記したレジュメ・プリントを用意するとともに、提出用のワークシートには、プレイヤーの「良かった点」・「改善すべき点」、そして「自分が教師役であれば、どのように対応したか」の記入欄を設けて、講義終了時に回収する。全学生に、「それぞれのケースでどのような対応をすべきか」という正解を求

めるというよりも、自分が教師役の立場であれば、どのように指導・対応するかを考えさせるためである。

　第二に、「失敗から学ぶ」ということである。ワークシートの記入だけでなく、ロールプレイを実演した学生（教師役、生徒役、保護者役など）に実際にプレイをしてみて感じたことを述べてもらうとともに、観客側の学生からも、ロールプレイを見て考えた意見や感想をプレイヤーたちに対して述べてもらう。また、それだけでなくプレイヤーと観客側の学生間の質疑応答の機会を設けている。この意見交換を通じて、プレイヤー自身だけでなく、それらの質疑等も含めて、授業に参加したすべての学生がそれを見て、追体験することより、学びが深まることも少なくない。

　仮にプレイヤーが自分の思うようなプレイができず、納得のいく指導ができなかったとしても、その経験が今後の採用試験や教育実践で役に立つであろうし、そこにロールプレイ型のアクティブ・ラーニングを講義時に実施する意味があるといえよう。また、プレイ前には、全学生に対して、「失敗経験こそが知識や理解の定着につながりやすいこと」、「自分自身が考えたことを『生徒（役の学生）』に対して指導してみる積極性や主体性を評価すること」の 2 点を中心に、「ここ（講義）で失敗することは、将来の成功のもとである」ということをロールプレイ実施時の留意点としている。

　第三に、指導の原理・原則を前提としつつも、「指導方法の正解は一通りではない」ことである。例えば、いじめ指導の 3 原則（いじめを許さず、されるを責めず、いじめに第三者なし）[6]、自殺企図がみられる生徒に接する際の TALK の原則（心配していると伝える。つらい気持ちについて率直に尋ねる。絶望的な気持ちを傾聴する。安全を確保する）[7] などの他、生徒の人権を尊重し、学校内外の連携（一人で抱え込まない）といった指導の基礎基本をふまえつつ、対象となる児童生徒の性格や特性はもとより、教員（教職課程履修学生）自身の経験・特性によって、同じ状況でも効果的な対応方法は異なることを理解し、「自分の持ち味（ストレングス）を活かした指導とはどのような指導方法なのか」を自律的に考えられるよう学生たちを導くことを常に念頭においてアドバイスしている。

第3節　グループワークの実践例
－教育社会学等におけるグループ討議とプレゼン

　教育社会学（教育制度学を含む）の講義の最初に、「教育社会学とはどのような学問か」をテーマにとりあげてきた。この講義では、初めに「『社会学』はどのような学問か」を学生に問い、各自のワークシートに自分が考える「『社会学』とは何か」を記し、さらに座席の近い数名のグループで意見交換をした後に、いくつかのグループの代表が、そのグループ内で出た意見を発表するなどして、教育社会学への主体的な関心と学習へのモチベーションを高めることを企図している。なかには、中学校の「社会科」や「社会科学」に近いイメージの回答等も散見されるが、そのような履修者の理解の実情を前提として、私の講義では、シカゴ学派[8]の社会学の歴史と展開を一例に「社会学の視点とは何か」、そして「教育社会学を通じて、何を学ぶか」を履修学生に考えさせる契機としている。

　このグループワークの企図の一つは、一度、受講者個人とグループのなかで「社会学とは何か」に関する自問自答を経て、社会学の歴史的展開と社会学が有する社会的意義を学ぶことで、受講者自身が、自己の学びの深まりを実感できる点にあると考えている。

　同様に「生徒・進路指導論」や「教育相談」の講義でも、初回または数回目の時点で、同様のグループワークを行っている。例えば、「生徒指導とは何か（生徒指導提要に基づいて）説明せよ」といった課題を個人及びグループに与え、板書も含めて、受講生が教壇上で同じ受講生に対して説明するプレゼンテーション（以下「プレゼン」と略す）型のアクティブ・ラーニングを行っている。概念理解をともなう単元の講義では、教員の一方的な語義解説とそれに対して学生は文言的な知識の記憶にとどまることが少なくない。しかしこのようなアクティブ・ラーニングによって、各人がテキストを熟読し、その意味を深く理解し、人に伝えることを通じて、教える時の留意点やその難しさも体得できるのである。

　また、教育社会学では、数名のグループで、今日の教育問題や時事から一つのテーマを選び、プレゼンを行うことを課している。

　テーマは、各グループで選択するが、類似のテーマが重複した場合には、同一の報告内容や同じような議論の繰り返しにならないように、プレゼンが始まる前に調整をすることがある。

　実際のプレゼンのテーマ設定の実例は、図表 1-1 のとおりである。

　プレゼンの事前準備としては、パワーポイントの提示資料を用意することを最低条件として、必要に応じて、パワーポイント資料の一部または全部をレジュメとして配布したり、近年は、パワーポイントのデータを学生が相互閲覧可能な学修用サイトに掲出して、授業後も Web データとして視聴も可能な状態にしている。実際に、多くの履修者は、授業の総括レポートを作成する際に、発表グループの用意したパワーポイントの Web データを参照している様子がうかがえる。

　プレゼンは、「レポーター」となる発表者数名が行い、その後に、質疑応答等の討議とリフレクションの時間を設けている。質疑応答時の司会も発表グループのメンバーが行う場合もある。

　討議には時間的制約もあり、2019 年までは、全員が質疑応答に参加できる時間はないので、講義時間の最後の 10 分程度のあいだに、受講者全員がプレゼンに関する意見・感想等をワークシートに記入し、発表のグループが回収し、それらのワークシートに記載された内容について、発表グループからのコメントを付する等のリフレクションを行っていたが、2020 年以降は、ワークシートを Web 上での回収とし、記入内容の相互閲覧を可能として、教員からのコメントだけでなく、履修者相互のリフレクションができるようにした。

　2019 年以前は、プレゼンの発表グループは、発表内容・討議の内容・回収したワークシートに記載された内容などについて「総括レポート」を提出し、この提出物を、受講者が共有できるように講義の最後に冊子のかたちで配布していたが、Web 上に掲示して相互閲覧可能にしたことで、フィードバックの即時性が実現できたほか、教員だけでなく履修者にも読まれたり、他者からのコメントを得ることによって、より洗練された表現と思索の深まりにつながるなど、学修内容への理解に良い効果が表れているように感じられる。

　プレゼンの評価は、（1）事前準備、（2）発表の内容と分かりやすさ、（3）討議時の発言や進め方、（4）「総括レポート」の内容の 4 つの側面から行うと

18

図表 1-1 A 大学 2015 年度　プレゼン・テーマの例

1	子供の学力と親の所得格差
2	キラキラネーム
3	掃除
4	国際バカロレア
5	大学の秋入学
6	中高一貫教育の長所・短所
7	都道府県別学力格差
8	1/2 成人式の在り方
9	フリースクール
10	廃校プロジェクト
11	メディアリテラシー…中高生のスマホ利用
12	教員免許の国家資格化
13	大学入試制度－ AO・推薦入試のメリット・デメリット
14	ゆとり教育と学力問題
15	早期英語教育の是非
16	シンガポールの教育
17	大学センター入試試験変更の是非
18	成績評価基準の比較－米・中・独・フィンランド
19	電子黒板の功罪

ともに、(a) 本人の自己評価、(b) グループ内のメンバー相互評価、(c) 発表を聞いた受講者からの評価の 3 つの視点からの評価を統合して行っている。

第４節　教育原論・生徒進路指導論等におけるブレインストーミングとマインドマップ

　教育原論、生徒・進路指導論、教育相談、教育方法論といった児童生徒への指導方法を考察する講義では、折に触れて、ブレインストーミングを行い、マ

インドマップを作成するグループワークを採用している。

　「ブレインストーミング」とは、集団（小グループ）によるにアイデア発想法の1つであり、参加者が自由奔放にアイデアを出し合い、互いの発想の違いを利用して、連想を行うことで、さらに多様なアイデアを生み出そうという集団思考法・発想法のことである。

　私の講義では、ブレインストーミングの基本的ルールとして、以下の3つを定め、実施している。

ⅰ）批判は行わない。提出されたアイデアに対する批判や判断、意見は原則排除。
ⅱ）アイデアは多いほどよい。奔放、一見つまらない、乱暴に思えるものも受容。
ⅲ）他人のアイデアの修正、発展、具体化など、改善案や組み合わせ等も歓迎
　　する。

　たとえば、以下のような想定事例で、学年担当の教員が参加する学年会という設定の下で、学修者は一教員の立場から対応策を議論し、その内容を記録係がマインドマップのかたちで記録する。

［事例］
　新学期の4月中旬から、2週間ほど休んでいるAさん（中学2年）がいる。前年度の担任は、「彼女の性格はおとなしく、無口なタイプ。考え方はネガティブで将来や自分自身のことに対して悲観的で、自尊感情が低い傾向もある」と引継ぎを受けており、保護者からは「家でゲームに熱中し、昼夜の生活が逆転している」と聞いている。保護者は、登校時間の前に出勤し、ほとんど夕方7時以降にしか帰宅できない。そこで、保護者の了解の上、本人だけが在宅する昼過ぎに、担任と学年主任の二人で家庭訪問をすると、本人が玄関口に出てきたが、ドアチェーンをしたままで、ドアの向こう側におり、問いかけにも、うなづく程度で、教師と話をしたそうな素振りがみられない。

　マインドマップは、Tony Buzanが提唱した思考・発想法の一つで、脳内で考えていることやグループで議論している内容を目に視覚化して、考えや議論

を整理したり、新たな対応策などの発想を促したりするためのツールである[9]。

講義では、前述の事例等に対して、一定時間内に各グループで対応策に関するマインドマップを作成し、記入項目の多かったグループのマップを OHP でモニターに提示し、グループの一人が、どのような議論が行われたかの発表をする場をもうけている。

図表 1-2 マインドマップ

このブレインストーミングとマインドマップの作成・発表の際には、司会、記録、発表といったグループ内の役割分担を最初に決めて、全員が何らかの役割を一度は担うことをルール化し、グループワークへの全員参加を担保している。

第5節　教科（看護科）の教育方法論におけるアクティブ・ラーニングと CAI・ICT

私の勤務大学のみならず、日本の大学の教職教育の教育方法論に関する教職課程教育や医学教育では、CAI（Computer-Assisted Instruction）及び ICT（Information and Communication Technology）等の活用が進められている。すでに、私が担当する看護科の教科教育方法に関する授業では、すでに教材として利用可能な、人体の構造・生理や疾病の原因や病態を具体的・視覚的かつ立体的に理解できる CAI・ICT ツールを教材として活用し、アクティブ・ラーニングを実施してきた[10]。

（1）ICT を活用した授業－「看護教育方法Ｉ」（2 年生）

教科教育方法の 2 年生科目である「看護教育方法Ｉ」では、講義時間内に「ICT・CAI 等のメディアを活用したアクティブ・ラーニング型模擬授業」を 4

〜5名のグループ（チーム・ティーチング）で実施した。

　この模擬授業では、ICT・CAIメディアを使用して、1つの学習単元について、1時間（50分）相当の模擬授業（単元例：解剖生理学の循環器、心臓の構造と機能など）を行った。授業実施後には、先生役・生徒役として、学生が体感したICTが児童生徒に与える影響や効果をプラス面とマイナス面の両面から自由記述式で回答してもらった。

　なお、「看護教育方法Ｉ」では、教科書『看護教育における授業設計』に記載されている[11]「教授−学習方法」に基づき、様々な学習方法について解説した後、各グループの設定した学習項目にそって、模擬授業を行った。その具体的実践例は、以下の通りである[12]。

1)「CT-MRI解体新書」等の活用

　「解剖学的構造と生理学」、「筋のトリガーポイント」など、解剖生理に関するアプリケーションを用いて各部位の名称・機能等を理解することを目的とした模擬授業を行った。

　骨格に関する図は、教室前方のスクリーンに、教卓上のPCからプロジェクターを用いて画像を映写し、前後左右の角度を変えながら、実際の人体（図表1-3の右側に立つ学生）と比較しつつ、部位の位置、名称、機能について理解を深めた。また、全体説明の後に、受講者の手元では、タブレットによって、デジタル教材で骨格及び関節の作動を確認した（図表1-4）。教科書等の平面的な図に比して、立体的に位置関係や動きを確認することができる点で、視聴覚機器の利用は有意義であると感じる受講生が多かった。

　消化器（胃）の部位等の授業についても、解剖生理に関する3D教材を利用することによって、平面的な画像ではわかりにくい人体の構造が、立体的に理解しやすい点にメリットがあるとの事後評価が多数を占めた。

図表 1-3 脊椎等の骨格について人体 (学生の身体) と比較して解説

図表 1-4 骨格等を 3D 画像で確認 (グループワーク)

図表 1-5 消化器 (胃) の動画資料による授業

2) 肺音の聴診トレーニング

　肺音の聴診に関する授業では、前のモニターで解説のあと、各グループで音の聞き分けを行い、さらに授業の最後の総括として、肺音の正常・異常を音声を実際に出して、クイズ形式で答えるかたちの授業展開が試みられた。事後アンケートでは、実際に異常音と正常音の聞き分けができるようになるまで、繰り返し実体験できたので、実習前の事前学習として有効性が高い点がメリットと指摘された。また、このような教材の存在を知ること自体が肺以外の他の部分の聴診トレーニングについても、学習ツールの存在を知る貴重な機会であり、それらの ICT を使えるようになった点を学修成果と感じた受講者もあった。

図表1-6 肺の聴診音のモニター画像と音声再生による解説

図表1-7 タブレットを用いた肺の聴診音の異常と正常の聞き分けワーク

　タブレットの利用については、「解剖の授業で、教科書の図だけでは理解が不十分であったと思う。参考書によっては図の示し方が違うためわかりにくかったが、アプリを使用して平面図では見えない部分や内部まで人体構造が見えるので、分かる楽しさが得られた。またそれで学習意欲がわいた」、「解剖実習ではホルマリンの臭気で解剖の場に入れなかった学生も、このようなアプリなら同じようにみられると思った」など、視覚的効果については、おおむね肯定的な意見が多かった。

　また、「教科書は蛍光ペンなどで線を引いてしまうと消すことが難しいが、タブレットなら間違えたり、覚えてしまったところを色を変えたり、色を消したりがすぐにできる」、「看護の教科書は重たいので、タブレットで何十冊ものテキストの内容が入っていると持ち運びがしやすい」といった、タブレットを日常的に使用する場合のメリットを指摘する意見も複数あった。

　他方、デメリットとして、機材準備の設定に手間取るなど、使いこなせるまでの人的、物的事前準備の負担（経済的・時間的）について、今日なお課題であるとの指摘も少なくなかった。ただし、それらが、将来的な解決の方途を見出しやすいのに対して、「個々の生徒がタブレット端末をもつと、授業に関係ないコンテンツを見たり、触ったりする生徒への対応が必要」、「ICT機材の使い方について生徒間のスキルの格差や所有するタブレットのトラブルや性能が学力に反映されることになると問題ではないか」などの課題も指摘された。

（２）教育実習に向けた ICT 活用－「教職実践演習」・「看護教育方法Ⅱ」
（４年生）

　藍野大学では、４年前期に「看護教育方法Ⅱ」(30 時間２単位)において教育実習に必要な教授法を学び、９月から 10 月の２週間に教育実習(90 時間２単位)を行う。その後、４年後期に研究授業の振り返りと４年間の教職教育の総括を主な内容とする「教職実践演習」を行う。

　４年次の高校教諭教職課程においては、実習を中核として、CAI・ICT の活用等の授業実践力の獲得を目指して取り組んできた。ここでは、基礎看護(解剖生理)における ICT を活用した模擬授業を中心に CAI メディア等の活用とアクティブ・ラーニングについて紹介したい。

1) 模擬授業 「骨格と筋肉」

　2017 年度の「看護教育方法Ⅱ」では、藍野高校竹田将史教諭との高大連携授業として、人体の骨格と筋肉の ICT 教材を活用した「基礎看護」に関する授業を展開した。

　単元は「人体のしくみとはたらき：筋系」である。単元目標は「看護を実践するうえで必要な人体に関する知識を習得し、人体と生活および環境との関係について理解する」とした。また、本時の目標は「看護を展開していくうえで人体の構造と機能の基礎を理解しておく必要がある。本時は人間の基本的な生活行動と関連させて各筋系の構造や名称、働きについて学ぶことを目標とする」とした。

　この授業では、ICT 教材として、Argosy Publishing inc のヒューマン・アナトミー・アトラス１（2007–2015）TEAMLABBODY.ins と teamLabBody の3D Motion Human Anatomy」を用いた。

　ヒューマン・アナトミー・アトラス 2023 は、3D モデル、横断面、MRI および CT スキャン、人体解剖画像、筋肉および骨の 3D 動作モデル、生理学のアニメーションなどが含まれ、男女の３D 模型と各々１万個以上の構造、微小解剖３D 模型(目、耳、皮膚、舌を含む)、３D 動画(心臓病、消化器疾患、組織修復などの疾病解説動画)がある。teamLabBody も、人体全身の筋肉・神経・骨・関節を３D ビジュアル化、骨格の動きについて、「生きた人間の動きを世

界で初めて再現した」としている。

2) 三観（教材観・生徒観・指導観）

　教材観・生徒観・指導観は、以下のように設定して授業を展開した。

①教材観：人体のしくみと働きを学ぶうえで基礎となる「筋肉」に対する理解を深めるため、筋肉の構造を理解し、筋肉の名称や役割を復習することで、看護者としてのボディメカニクスや疾患等について学びを更に深め、今後学習するであろう看護の基盤を形成する。

②生徒観：入学してから 1 か月ほどが経過したクラスである。クラス全体の雰囲気としては入学当初よりは生徒同士の仲は良くなってきており休憩時間には交流が見られる。授業中は積極的に発言する生徒が見られる。ひとりが発言するとそれに触発されて発言する生徒も多い。看護についての知識は比較的初歩的で、今後習得していく段階である。学習を進めていく上での基礎となるため生徒の興味関心をひき、積極性・主体性をいかに引き出していくかが課題となるといえる。

③指導観：筋系の学習を進めるにあたって、前述のような設定の下で、図表 1-8 のようにモニターと手元のタブレットの人体画像を動かしながら、自分たちの身体（肘関節）等を屈曲伸展させつつ、骨、筋肉関節の動きを確認し、その部位名称や可動範囲などを確認しながら、授業を展開する。また、毎年准看護師試験にも筋肉等に関する問題は出題されているため、ポイントとなる箇所は繰り返し生徒に伝える。自身や他生徒と身体を動かし、体験して学んでいけるようにする。

3) 模擬授業における ICT の活用

　現在の学生は、すでにデジタル世代であり、幼少期からデジタル機器に接している。したがって、その活用については、個人差はあるものの一定のスキルと適応力を有しており、ある程度の条件整備が行われれば、相当程度の活用力

を潜在的に有している。実際に、教員がアプリのインストールなどの設定画面での援助をすることで、教師役の学生も有効にそれらのアプリを使いこなせていた。今後さらにアプリ等の操作に習熟すれば、これらの有効利用の方法を自ら修得し、創造的に活用できるだろう。

　CAIを利用できる環境であれば、ICT教材は、従来の実物模型等に比して、持ち運びが容易で、個別課題やフィードバック等も簡便である。学校によっては、これらを活用できる環境が十分ではないこともあり、CAI・ICTの限定的活用や柔軟な対応力も必要となるが、2020年以降は、多くの小中高校で、プロジェクターの配置が進められて、教育実習においても、授業実施に際して、それらの活用能力が必要となっている。

　したがって、CAI・ICTを活用したアクティブ・ラーニングは教職教育のなかでは、緒についたばかりだが、今後の教員養成においては、教職課程履修者にCAI・ICT活用力を育成する必要性は高い。

　このような次世代の教員養成にとって、これらの機器の操作方法について技術的に習熟するだけでなく、その効果的な活用方法を主体的・協働的・自律的に創造していける学修環境も保障されなくてはならない。そのためには、教職課程の運用にあたって、このような観点から教職課程を有する大学と実習校との高大連携など、大学教育と諸学校の連携が求められているといえよう。[13]

図表 1-8 実際に上腕関節の動きと 3D 画
　　　　 像で骨格と筋の動きを同時に提
　　　　 示しながら説明

注
1)　中央教育審議会「新たな未来を築くための大学教育の質的転換に向けて〜生涯学び続け、主体的に
　　考える力を育成する大学へ〜（答申）」平成 24（2012）年 8 月 28 日の「用語集」p.37。http://www.
　　mext.go.jp/component/b_menu/shingi/toushin/__icsFiles/afieldfile/2012/10/04/1325048_3.
　　pdf（最終アクセス 2017 年 3 月 31 日）。
2)　前掲「用語集」p.37。
3)　佐藤郡衛（2012）『異文化間教育』明石書店 pp.203-207。
4)　吉田卓司（2001）「人生に中退はない（5 章）」才村真理編著『元気にな〜れ！－対人支援者のプロ
　　技』三学出版（2001 年）所収 pp.92-95 参照。
5)　吉田卓司（2007）「実践的生徒指導力をいかに引き出すか」甲南大学教職教育センター『教職教育セ
　　ンター年報（2006 年度）』pp.33-37。
6)　神戸市いじめ防止対策推進委員会「いじめ問題への取組についての提言」平成 19（2007）年 5 月
　　pp.1-2 参照。http://www.city.kobe.lg.jp/information/project/education/bullying/img/19izimeb
　　ousiteigen.pdf.（最終アクセス 2017 年 3 月 31 日）。
7)　文部科学省「教師が知っておきたい子どもの自殺予防」平成 21（2009）年 3 月参照。http://www.
　　mext.go.jp/component/b_menu/shingi/toushin/__icsFiles/afieldfile/2009/04/13/1259190_12.
　　pdf（最終アクセス 2017 年 3 月 31 日）。
8)　シカゴ学派が移民の流入や格差といった当時の社会問題の実態を明らかにするために丹念な実地
　　調査を行ない、旧来の学問とは異なる視点から社会の現実を客観的に分析し、都市問題の解決策を
　　模索するために社会学を形成しようとしたことを、シカゴ市でのフィールドワーク（2014 年 9 月）
　　で得た資料を提示しつつ、実証的社会学の一例として提示している。
9)　トニー・ブザン、バリー・ブザン著、近田美季子訳（2013）『新版 ザ・マインドマップ』ダイヤモ
　　ンド社等参照。なお「マインドマップ」の呼称は、ThinkBuzan 社（イギリス）が商標登録。
10)　「看護教育方法 I」・「看護教育方法 II」及び「教育実習指導」においては、2015 年から試行的に行っ
　　ている。
11)　佐藤みつ子、宇佐美千恵子、青木康子（2009）『看護教育における授業設計』医学書院。
12)　吉田卓司、溝渕千夏、新出育衣、竹田将史（2018）「看護教育におけるアクティブ・ラーニングの
　　研究」藍野大学『平成 29 年度枠外研究発表論文集』pp.1-4。
13)　吉田卓司（2017）「看護系大学における教職教育－私の授業『教育原論』・『教育社会学』・『生徒進
　　路指導論』・『看護教育方法』等におけるアクティブ・ラーニング（第 2 回課題研究会報告）。阪神地
　　区私立大学教職課程研究連絡協議会「阪神教協リポート」40 号 pp.47-53。

第2章　学習とコンピテンシー

　小学校では 2020 年、中学校では 2021 年から、そして高等学校では、2022 年度入学生から新学習指導要領が実施されている。

　今回の改訂では、小学校高学年で英語が教科化され、高校では公民科に新科目「公共」が「現代社会」を継承するかたちで内容を加除修正し、新科目として設置された。また、これまでの学習指導要領には見られなかった特徴として、学習内容の「大綱」を示すだけではなく、指導方法にも言及して、アクティブ・ラーニングの導入を求めている。

　本章では、この学習指導要領が「教育目標」として日本版「コンピテンシー」を提示している点について、その教育実践上の意味と課題を考える。

第1節　コンピテンシーとは何か

　コンピテンシーとは、問題解決力やコミュニケーション力といった現代社会の様々な課題に対応して生きていく能力を意味する。OECD は、21 世紀に求められる教育とは何かについて、各国共通のコンセプトを定立する必要性があるとして、『コンピテンシーの定義と選択』(DeSeCo) というプログラムを 1997 年末にスタートさせた。そして、2003 年に、その最終報告をまとめている。そこでは、主要なコンピテンシーを「キー・コンピテンシー」と呼び、そのなかに「様々な状況下で、言語や数学的スキル等を効果的に活用する力」や「知識や情報を活用する力」などが挙げられている。その基本的な考え方は、国際学力調査の PISA において、学力の実態調査を行う指標としても活用されているものである。そこで測定、評価される項目とは、「読解力」、「数学的リテラシー」、「科学的リテラシー」であり、以下のように定義されている。

読解力[1]
　自らの目標を達成し、自らの知識と可能性を発達させ、効果的に社会に参加するために、書かれたテキストを理解し、利用し、熟考する能力。

数学的リテラシー[2]

　数学が世界で果たす役割を見つけ、理解し、現在及び将来の個人の生活、職業生活、友人や家族、親族との社会生活、建設的で関心を持った思慮深い市民としての生活において確実な数学的根拠にもとづき判断を行い、数学に携わる能力。

科学的リテラシー[3]

　自然界及び人間の活動によって起こる自然界の変化について理解し、意思決定するために、科学的知識を使用し、課題を明確にし、証拠に基づく結論を導き出す能力。

第2節　新指導要領の日本版「コンピテンシー」

　2020〜2022年に改訂された学習指導要領の「ポイント」では、「知識の理解の質を高め資質・能力を育む『主体的・対話的で深い学び』」のなかで、「何ができるようになるか」を明確化することとしている。そして、教員に対して「知・徳・体にわたる『生きる力』を子供たちに育むため、『何のために学ぶのか』という学習の意義を共有しながら、授業の創意工夫や教科書等の教材の改善を引き出していけるよう、全ての教科等を、①知識及び技能、②思考力、判断力、表現力等、③学びに向かう力、人間性等の三つの柱で再整理」することを求めているのである。これを言い換えると、教科の枠を超えた「資質・能力」（コンピテンシー）の育成を打ち出したといえよう。

　さらに、この「改訂のポイント」では、①言語能力の確実な育成、②理数教育の充実、③伝統や文化に関する教育の充実、④道徳教育の充実、⑤体験活動の充実、⑥外国語教育の充実、⑦その他の重要事項（主権者教育、情報活用能力、発達支援など）が挙げられている。

　しかし、これらの日本版「コンピテンシー」をグローバルな視点から、国際規準とされている「コンピテンシー」と比較すると、欠落している要素があることに気づかされる。

第3節　グローバル・スタンダードから見た日本版「コンピテンシー」

　前述の日本版「コンピテンシー」には、「読解力」、「数学的リテラシー」など
と共通する部分もあるが、本質的に異なる部分があることに留意しなくてはな
らない。

　例えば、アメリカでは、全米カレッジ・大学協会 (Association of American
Colleges & Universities) が、大学などの高等教育機関において、学生が「何
を学習するのか」を示す『評価規準』と「学生が学習到達しているレベル」を示
す具体的な『評価基準』を明確化するためのプロジェクトとして、次の 15 領域
についてバリュールーブリック (VALUE RUBRIC) を完成させている。

① 「知的・実践スキル」として、「探求と分析力」、「批判的思考力」、「創造的
　思考力」、「文章作成力」、「口頭伝達力」、「読解力」、「量的分析リテラシー」、
　「情報リテラシー」、「チームワーク」、「問題解決力」の 10 領域。
② 「個人的社会的責任感」として、「市民としての知識と責務－地域と世界」、
　「異文化間の知識と能力」、「倫理的思考力」、「生涯学習に対する基盤と能力」
　の 4 領域。
③ 「学習の統合」として、「学習の統合」の 1 領域。

　また、欧米諸国をはじめオーストラリア、フィンランド、ポルトガル、シ
ンガポールの各国政府、教育機関、研究者、企業等の連携による「21 世紀型ス
キルの学びと評価プロジェクト (Assessment and Teaching of 21st Century
Skills Project〈ATC21S〉)」は、2010 年に 4 領域 10 スキルを内容とする「21
世紀型スキル」を提起し、教育改革の実証プロジェクトを進行させており、EU
の欧州委員会も、「母国語と外国語のコミュニケーション力」や「社会的・市民
的能力」など、生涯学習のためのキー・コンピテンシーを 8 項目掲げている。

　これらのグローバル・スタンダードに共通してみられる要素として、言語・
数理・ICT の活用力とともに、批判的思考力や異文化間理解（多文化共生）の
スキルと世界市民としての主体的・自律的な行動力をあげることができる。こ
れに対して、日本版「コンピテンシー」には、既定の枠内での「主体的」学習は

推奨されているとしても、既存の社会的枠組みを批判的に検証すること（クリティカル・シンキング）、様々な社会的・文化的・思想的背景を有する他者との共働や社会変革を生み出す力の育成といったグローバルな視点からのコンピテンシー項目が欠落していると言わざるをえない。

第４節　今求められる教育実践とは

　こうしてみると、21世紀の教育が育成すべき「キー・コンピテンシー」のグローバル・スタンダードは、実は、日本国憲法の基本原則と同じ理念に基づいていることに留意しなくてはならない。日本国憲法が希求する国際平和、そして平和主義、民主主義、人権尊重の原則の実現に資する人間の育成こそ、今世界が求めている教育ということもできよう。

　学習指導要領の「改訂のポイント」には、「教育基本法、学校教育法などを踏まえ…」との前置きはありながらも、「我が国のこれまでの教育実践の蓄積に基づく授業改善の活性化により、子供たちの知識の理解の質の向上を図り、これからの時代に求められる資質・能力を育んでいくことが重要。小・中学校においては、これまでと全く異なる指導方法を導入しなければならないと浮足立つ必要はなく、これまでの教育実践の蓄積を若手教員にもしっかり引き継ぎつつ、授業を工夫・改善する必要」と述べている。

　これまでの日本の教師が、第二次大戦前から100年以上の年月をかけて実践し、築き上げてきた民主的な教育、あるいは戦後の日本が築き上げてきた、平和教育こそが、これからの21世紀の教育が、その育成を目指すべき「キー・コンピテンシー」の中核部分にあるということもできよう。

　これまでの民主的な教育運動のなかで培った教育実践の蓄積を引き継ぎつつ、さらに現代的課題についても新しい知識やスキルを活用し、自ら考え、協働し、課題に挑戦する姿勢を児童生徒に育成するとともに、今日の教職員自身が、そのような理念に基づいて教育に関わることが求められているといえよう[4]。

注
1) 文部科学省 (2005)「PISA 調査 (読解力) 及び TIMSS 調査 (算数、数学) の結果分析と改善の方向 (要旨)」『平成 16 年度　臨時全国都道府県・指定都市教育委員会指導主事会議』資料 pp.4-6。
2) 文部科学省 (2005)「PISA 調査 (数学的リテラシー) 及び TIMSS 調査 (算数、数学) の結果分析と改善の方向 (要旨)」『平成 16 年度　臨時全国都道府県・指定都市教育委員会　指導主事会議』資料 pp.4-7。
3) 文部科学省 (2005)「PISA 調査 (科学的リテラシー) 及び TIMSS 調査 (算数、数学) の結果分析と改善の方向 (要旨)」『平成 16 年度　臨時全国都道府県・指定都市教育委員会　指導主事会議』資料 pp.4-8。
4) 吉田卓司 (2017)「次期学習指導要領のコンピテンシーを考える」兵庫民主教育研究所『ひょうご民研だより』2017 年 79 号 (7 月号) pp.1-3、松尾知明 (2015)『21 世紀型スキルとは何か－コンピテンシーに基づく教育改革の国際比較』明石書店、石井英真 (2015 年)『今求められる学力と学びとは－コンピテンシー・ベースのカリキュラムの光と影』日本標準、立田慶裕 (2014)『キー・コンピテンシーの実践：学び続ける教師のために』明石書店、ドミニク・S・ライチェン、ローラ・H・サルガニク編著；監訳：立田慶裕 (2006)『キー・コンピテンシー－国際標準の学力をめざして』明石書店。

第3章　授業実践の構造−計画・実施・評価

　ここでは、各教科の授業実践をどのように構想・計画し、それ実践して、児童生徒の評価を行うかについて論じる[1]。

第1節　授業の計画

　学校教育において、教員が授業の実施計画を考えるとき、つぎのような4つの「計画」を準備し、それにそった授業実践を行っていかねばならない。

　まず、学校全体の教育課程（カリキュラム）とそれに基づいた①「全体計画」、学年ごとの②「年間計画」、学習段階や内容で区分される③「単元計画」があり、さらに個々の授業や教育活動の④「指導計画」が作成される。

　「全体計画」は、小学校は6年間、中学・高校は3年間の全体を見通して、各教科が連携しつつ、どのように指導を行うかを学校全体で策定するものである。例えば高校では、各学年で、どの教科・科目を、週に何時間実施するか、どの科目を必修あるいは選択科目にするか、教科書や教材は何を用いるかなどを決定する。また、学校独自に実施する学校設定科目の場合は、その内容も具体的に決定する必要がある。

　学年ごとの「年間計画」では、主として各教科・各学年の担当教員が、1年間の学習目標や内容を見通して、教科・科目の「年間計画」を立案することになる。この「年間計画」においては、各教科・科目の単元を、どのような順序で、どのような時期（学期）に学習していくかという基本的な授業構成を含むことが少なくない。

　そして、「単元計画」では、単元全体として何時間を費やして、どのようなプロセスで学習を進め、単元の指導目標を達成するか、どのように評価していくかを計画する。

　特に中学校や高校では、教科ごとに独立した授業が行われがちであり、各教科・科目の「年間計画」や「単元計画」のプランニングも教科ごとに策定される

ことが多い。けれども、新学習指導要領では、個々の教科の知識やスキルを習得するだけでなく、その知識・技能を統合し、応用する力を身につけることを重視しており、そのような教科横断的な視点からのカリキュラム・マネジメントが求められている。その意味では、生徒たちが学ぶ各教科の学習内容を俯瞰的、統合的に見渡しながら「年間計画」や「単元計画」を立案することがすべての教員に求められている。

　そして、このような「全体計画」、「年間計画」、「単元計画」に基づいて、一つ一つの授業や教育活動の具体的な「指導計画」（指導案とも呼ばれる）が担当教員によってつくられるのである。

　本書第２部の実践例は、各学校の地域や生徒の実情、社会情勢に応じて、「全体計画」を定め、さらに各学年の学習プロセスに応じた「年間計画」や「単元計画」を策定し、それらを前提として、創意工夫のある授業実践を試みたものである。各実践例に対して、それぞれの授業の展開のみならず、「どのような『計画』に基づいて実践されているか」という問いかけ、言い換えれば教科・科目の学習内容全体のなかで、個々の実践がどのようなウエイトで実施されているかという視点は重要である。他の学習内容とどのようにバランスをとりながら、当該の授業が実践されているかという俯瞰的視点は、個々の授業の実践を評価するうえで重要である。

　ここでは、年間指導計画を中心に、アクティブ・ラーニングとの関係性にも留意しつつ、その授業計画の作成と運用上の留意点に触れておきたい。「総合的な学習の時間」の学習指導要領解説に準拠して、年間指導計画の作成・実施における配慮事項をまとめると、以下のような４項目になる。

（１）生徒の学習経験への配慮

　当該学年までの生徒の学習経験や成果を生かしながら年間指導計画を立てる必要がある。この点は、すべての教科において、学習の積み上げを前提としてることから、当然のことである。しかし、後述のように、現在の学習指導要領においては、他教科連携の視点から、個々の教科における積み上げと同一教科内の科目の学習内容のつながりだけではなく、他の教科の進度や展開にも留意

しつつ、他教科や特別活動における学習経験、さらには、小学校から中学校を
へて高校の学びを深め、広げるという視点から、小中連携、中高連携を前提と
した幅広い意味での「学習経験への配慮」が求められているのである。

（2）季節や行事など適切な活動時期を生かす

　例えば、国語、英語、歴史などの教科の学習内容に関連する伝統行事や年中
行事、あるいは理科などの教科に関わる特異な天体現象の観測や保健体育や芸
術に関わるスポーツ・文化等の地域のイベント等について、それに関わる地域
や団体・組織の人から話を聞いたり、行事・イベントの準備に関わる地域の人
やそれらの参加者の思いや願いに直接触れることは、生徒自身がそれに主体的
に参加したり、関わることで、自らの学習に対する関心や意欲、学習の質を高
めることができるであろう。また、世界環境デーや国際平和デーなど歴史的／
国際的な記念日をきっかけに、マスコミの報道から生徒の関心を呼び起こし、
専門家の話を聞くなどの学習活動が考えられる。

（3）各教科等との関連を明らかにする

　「生徒の学習経験への配慮」で述べた留意点に関して、児童生徒が並行して
学んでいる複数の教科との連携という面で、これを実施するならば、具体的に
は、以下のような連携が考えられる。例えば、社会科の資料活用法や数学科・
情報科の統計手法を生かして他の教科学習に必要な情報を収集したり、発表や
レポート作成に必要なデータを整理したり、国語科で学習した文章の書き方を
生かして、他教科のレポートを作成することなどである。各教科等で育成され
た資質・能力が、様々な教科、特別活動、「総合的な学習の時間」で発揮され、
逆に総合的な学習の時間や学校行事、課外活動などの教科外の様々な教育活動
によって育成された資質・能力が各教科等の学習活動で活用されたりと、全教
育活動で得られた資質・能力が汎用的に活かされることが期待されている。

（4）外部の教育資源の活用及び異校種との連携や交流を意識する

　教科学習や「総合的な学習の時間」において、保護者や地域の人、専門家な
どの多様な人々の協力、社会教育施設や社会教育団体等の施設・設備など、様々

な学校外の教育資源の活用は、各教科の学習活動を一層充実したものにする。その成否は、学校内外の授業に関わる人たちとの綿密な打合せにかかっており、そのための適切な時間や機会の確保は不可欠である。また、これらの専門知識や特別な経験・技能を有する人たちと教職員が交流を持つことによって、教職員自身の視野が広がり、知見が深まることになる。それは、より良い教育を創り上げていくうえで貴重なバックボーンになるであろう。

　本書第2部で紹介する実践も、単元ごと、あるいは数時間単位の指導計画と実践例の紹介となっているが、それぞれの実践が、その全体計画や年間指導計画の段階から、これらの事項について配慮されていることに留意されたい。

第2節　学習活動と指導法

　各教科及び「総合的な学習の時間」の学習指導要領は、内容の取扱いについて、次のような事項に配慮するものとしている。この点は、各教科において、アクティブ・ラーニングに取り組む際にも重要な配慮事項である。

（1）定められた目標・内容に基づく指導
　各教科においては学習指導要領が、それぞれの教科・科目の目標・内容を定め、「総合的な学習の時間」（以下、総合学習と略す）については学習指導要領のほか、各学校において定める目標及び内容に基づき、児童生徒の学習状況に応じて教師が適切な指導を行うこととされている。

（2）他者との協働、問題解決、言語活動
　総合学習においては、「探究的な学習の過程」において、「他者と協働して課題を解決しようとする学習活動や、言語により分析し、まとめたり表現したりするなどの学習活動が行われるようにする」ことが求められている。その際、「例えば、比較する、分類する、関連付けるなどの考えるための技法が活用されるように」するとされている。この点は、各教育のアクティブ・ラーニング、とりわけグループワークやプレゼンなどの報告・発表型の授業展開においては

留意すべきである。

（3）ICTの活用

　前項同様、総合学習においては「コンピュータや情報通信ネットワークなど
を適切かつ効果的に活用して、情報を収集・整理・発信するなどの学習活動が
行われるよう工夫すること。その際、情報や情報手段を主体的に選択し活用で
きるよう配慮すること」とされている。この点も各教科の教育方法と共通する
留意点である。

（4）体験的学習

　「総合的な学習の時間」では、「自然体験や職場体験活動、ボランティア活動
などの社会体験、ものづくり、生産活動などの体験活動、観察・実験、見学や
調査、発表や討論などの学習活動を積極的に取り入れること」が求められてい
る。そして、体験活動については、その目標及び内容を踏まえ、「探究的な学
習の過程に適切に位置付けること」とされている。各教科教育おいては、「総
合的な学習の時間」と同様の体験的学習を実施することは時間的にも難しいか
もしれないが、このような体験的な学習の要素を教科の時間内で実施すること
は、可能な限り積極的な導入が考えられてよいだろう。前項のICTや視聴覚
機器の活用と合わせて、実験・実習を含めた体感性のある学びの機会を創出す
ることが求められている。

（5）多様な学習形態

　「総合的な学習の時間」においては「グループ学習や異年齢集団による学習な
どの多様な学習形態、地域の人々の協力も得つつ、全教師が一体となって指導
に当たるなどの指導体制について工夫を行う」ことが求められている。各教科
の指導においても、様々な規模や単位で柔軟にグループ学習が行われ、場合に
よっては学年を超えた異年齢集団による学習も実施することは可能である。本
書第二部においては、複数の教科の教員による授業実践（第5章第3節）、全
教師で取り組んだ実践（第9章）を紹介している。

（6）学校図書館・地域の社会資源の活用と連携

　「学校図書館の活用、他の学校との連携、公民館、図書館、博物館等の社会教育施設や社会教育関係団体等の各種団体との連携、地域の教材や学習環境の積極的な活用などの工夫を行うこと」も「総合的な学習の時間」のみならずすべての教科教育において、重要である。特に、校内の連携において学校図書館の書籍や視聴覚教材などの資料活用は、最も身近で効果的である。また、学校図書館を通じて地域の公共図書館等の資料にもアクセスが可能である。本書8章は、その良い実例といえよう。

第3節　アクティブ・ラーニングの手法

　新しい学習指導要領の目指すべきものは、本書の実践事例にかぎらず、すでに全国各地の様々な校種の学校の先進的事例に見い出すことができる。その意味では、すでに様々な実践を経験した現職教員は、その実践経験を振り返りつつ、他校の実践に学ぶことが進歩の道であり、これから教職を目指す人にとっては、これまでの優れた先人の実践に学びつつ、新たな時代に即応した新規性のある実践にチャレンジする精神が求められているといえよう。

　例えば、マインドマップ（mind map）[2] の作成と活用、KJ法[3] を用いたグループワーク、ブレインストーミング（brainstorming）[4] を取り入れた集団討議など、様々な技法が各教科の指導や総合的な学習の時間において活用されており、それらを児童生徒の時代に経験した教職課程履修生は少なくない。

第4節　アクティブ・ラーニングの評価

　「評価」には、児童生徒の学習状況を評価する学習評価、授業目標の達成度を評価する授業評価、そしてカリキュラム・マネジメントの状況を評価する教育課程の評価の3つの側面がある。

　各教科の評価において、アクティブ・ラーニングに対する評価は、特に留意すべき点がある。それは「評価の対象をどのように設定するか」である。アクティブ・ラーニングに学習の中心がおかれている総合学習の学習指導要領で

は、育成を目指す具体的な資質・能力について、次の３つの配慮事項が明示されている（第２の３の（６）項）。

ア　知識及び技能については、他教科や総合的な学習の時間で習得する知識及び技能が相互に関連付けられ、社会の中で生きて働くものとして形成されるようにすること。

イ　思考力、判断力、表現力等については、課題の設定、情報の収集、整理・分析、まとめ・表現などの探究的な学習の過程において発揮され、未知の状況において活用できるものとして身に付けられるようにすること。

ウ　学びに向かう力、人間性等については、自分自身に関すること及び他者や社会との関わりに関することの両方の視点を踏まえること。

　そして、これに続く（７）項では、「目標を実現するにふさわしい探究課題及び探究課題の解決を通して育成を目指す具体的な資質・能力については、教科等を越えた全ての学習の基盤となる資質・能力が育まれ、活用されるものとなるよう配慮すること。」と記されている。

　すなわち、評価対象は、その学習のなかで育成された「資質・能力」であり、その目標がどの程度達成されたかが評価の規準とされねばならない。

　「総合的な学習の時間」の場合、学習指導要領解説は、「内容の設定」に関して、その時間の内容を「生徒の興味・関心や必要感に関わりなく形式的に網羅し、要素的に一つ一つ学び取らせていくことにならないように十分配慮しなければならない」とした上で、「この時間の学習活動が、教師による一方的な体験や活動の押し付け、要素的な『知識及び技能』の習得のみに終始することのないようにしなければならない。」とし、さらに「この時間で取り上げられる個々の学習対象について何らかの知識を身に付けることや、課題を解決することそのものに主たる目的があるのではない。生徒が個々の学習対象に主体的に関わる中で生じる様々な気付きや認識の深まり、豊かな経験の広がりを通して、目標にある資質・能力が育成され、自己の生き方を考えることができるようにすることを目指している。」（p.83）と記している。このような観点は、総合的な学習の時間が有する指導観の特質であると同時に、各教科の教育においても、ア

クティブ・ラーニングを実施するうえで、一定の共通性を有するといえよう。

　しかしながら、前述のような知識・技能の相互関連付けから人間性に至るまで、児童生徒の多岐にわたる資質・能力を一教師が評価することは、極めて難しい課題である。同解説は、その評価方法について「信頼される評価の方法であること、多面的な評価の方法であること、学習状況の過程を評価する方法であること、の三つが重要である」(p.122)と述べている。このような信頼性と多面性を確保し、個々の児童生徒の学習過程を評価するためには、教職員による全校的な評価体制づくりが不可欠であり、全教職員の協働のみならず学校内外の支援者や関係機関とのより緊密なコミュニケーションと連携がこれまで以上に求められているといえよう。

第5節　パフォーマンスを評価する―ルーブリック評価の活用

　学習におけるパフォーマンスとは、知識や技能を活用・応用して、学習課題に取り組む児童生徒の姿勢や態度を指す。パフォーマンス評価は、このような児童生徒の学習状況を評価することであり、アクティブ・ラーニングを評価することは、多くの場合、パフォーマンスを評価することとなる。

　2016年12月の中央教育審議会答申によれば、「資質・能力のバランスのとれた学習評価を行っていくためには、指導と評価の一体化を図る中で、論述やレポートの作成、発表、グループでの話合い、作品の制作等といった多様な活動に取り組ませるパフォーマンス評価などを取り入れ、ペーパーテストの結果にとどまらない、多面的・多角的な評価を行っていくことが必要である」と述べられている。

　例えば、具体的な評価規準の提示例として、本書6章の実践が挙げられる。ここでは、小論文作成の評価規準をあらかじめ生徒に提示している。さらに、このような評価規準を明確化して提示しようとする試みがルーブリック評価法である。

　ルーブリック評価は、新学習指導要領におけるパフォーマンス評価法の一つの手法として取り上げられてきた。それは、「目標に準拠した評価」のための「基準」つくりの方法論であり、学生・生徒がどのような能力を獲得するかを示す

評価規準と学生の到達レベルを示す具体的な評価基準をマトリクス形式で示した評価指標である（図表 3-1 参照）。

図表 3-1　パフォーマンス評価の方法に関する学修のルーブリック評価

評価規準	評価基準 0 点	評価基準 1 点	評価基準 2 点	評価基準 3 点	評価
パフォーマンス評価の方法論に関する理解と活用	パフォーマンス評価の方法論の意義の理解が不十分。	パフォーマンス評価の方法論を理解し、他者に説明できる。	パフォーマンス評価の方法論を理解し、その評価方法を実施できる。	方法論の妥当性を省察し、今後の教育活動において方法論を応用し、多面的に活用できる。	
ルーブリック評価の方法に関する理解	ルーブリック評価の方法に関する理解や説明が不完全である。	ルーブリック評価の方法とその意義を理解し、他者に説明できる。	ルーブリック評価表を作成でき、評価法を自分の教科・科目において活用できる。	ルーブリック評価法について現状を批判的に検証し、評価方法の進展に寄与できる。	

　本書第 2 章でも触れたように、ルーブリック評価法は、全米カレッジ・大学協会（Association of American Colleges & Universities, 以下 AAC & U）の下で、個々の教育機関もしくは個別の授業での活用にとどまらず、機関を越えて活用可能なルーブリックの開発・運用を試みたことが大きな契機となっている。AAC & U による高等教育の改革の取組みの一つとして、バリュールーブリックの開発がなされてきた。バリュープロジェクトは、学士教育学修成果を評価することを目的に、全米の多くの高等教育機関の協力の下、下記の 15 領域についてバリュールーブリック VALUE RUBRIC を完成させている[5]。

A. 知的・実践スキル（Intellectual and Practical Skills）

　探求と分析力 (Inquiry and analysis)

　批判的思考力 (Critical thinking)

　創造的思考力 (Creative thinking)

　文章作成力 (Written communication)

　口頭伝達力 (Oral communication)

読解力 (Reading)

量的分析リテラシー (Quantitative literacy)

情報リテラシー (Information literacy)

チームワーク (Teamwork)

問題解決力 (Problem solving)

B. 個人的社会的責任感（Personal and Social Responsibility）

市民としての知識と責務－地域と世界 (Civic knowledge and engagement-local and global)

異文化間の知識と能力 (Intercultural knowledge and competence)

倫理的思考力 (Ethical thinking)

生涯学習に対する基盤と能力 (Foundations and skills for lifelong learnin

C. 学習の統合（Integrative Learning）

学習の統合 (Integrative Learning)

日本の教育政策におけるコンピテンシーの概念と欧米のそれとは、本質的に異なる部分があり、そこに本質的な問題があることは、前章において詳述したが、少なくとも、アクティブ・ラーニングにおけるパフォーマンスを評価する方法として、ルーブリック評価が一定の存在価値を有していることは確認しておかねばならない。

ルーブリック評価の利点として、第一に、その評価方法が、絶対評価であり、相対評価の問題点（序列化等）を克服できる可能性があるという点である。すなわち、他者との比較ではなく、自分自身がどの程度、目標を達成できたかを評価の基準としてしているということである。

第二に、評価規準をルーブリック評価表のかたちで可視化して生徒たちに提示できるという利点である。それによって評価の項目である「評価規準」と評価のレベルである「評価基準」をあらかじめ提示することで、評価の公平化、可視化が可能となる。また、これらのルーブリック評価を担当する教員集団であらかじめ議論したり、生徒とともに評価表を協働的に作り上げることで、そ

れを用いていないパフォーマンス (例えば、レポート・論文、プレゼン等のアクティブ・ラーニング) の評価に比べて合理的で、生徒の納得感を得やすい評価が可能となる。

　第三に、ルーブリック評価表によって、あらかじめ評価規準と評価基準を提示することによって、被評価者である生徒は、自己のプレゼンやレポートの作成において、どのような点に留意して学習を進めていくべきかが、比較的わかりやすくなり、評価後においては、自分のパフォーマンスに不足していた観点や内容を理解しやすくなる利点がある。それは、学習中及び学習後のフィードバックを促進することにつながるであろう。

　逆に、課題となる点も少なくない。その最も主要な課題は、評価規準と評価基準の策定には、常に困難があるという点である。評価の規準は、学習目標から導かれるとしても、その評価基準をどの程度に設定して、そのレベルを文章化して示すかは、個々の学校・教科・学年・児童生徒の学習状況により異なる点もあり、客観的に明示することが、そもそも難しいといえよう。

　また、「ダニング・クルーガー効果」を考慮すると、自己評価が高い者が実際には客観的な成果を得られていない場合が多いことから [6]、総括的な評価を自己評価に過度に依存することも適当ではない。

　アクティブ・ラーニングの評価においては、レポートや活動記録などの成果物の点検やプレゼンの準備や実施の状況、事後のフィードバック (省察) された文書、そして学びを共有したクラスメイトによる相互評価等も合わせて、多角的な視点から、多様な評価者の物差しで評価したものを統合して行うことになるだろう。

　このような相互評価も含めた学びの共有とフィードバックを通じて、自他の理解が深められることがアクティブ・ラーニングのもつ特性であり、教育的意義といえよう。

44

注
1) 本書で扱う文部科学省の学習指導要領は、特に刊行ないし実施の年度を記さない限り、小・中学校は平成 29 年告示、高等学校は平成 30 年告示の学習指導要領からの引用となるので、これを参照されたい。
2) マインドマップは、T.Buzan によって考案された思考整理・発想促進の技法である。トニー・ブザン、バリー・ブザン著、近田美季子訳 (2013)『新版ザ・マインドマップ』ダイヤモンド社 .
3) KJ 法は、川喜田二郎によって考案された情報の整理・統合の技法である。川喜田二郎 (1967)『発想法』中公新書。
4) ブレインストーミングは、A. F. Osborn によって考案された集団発想、集団思考の討議方式。アレックス・F. オスボーン著、豊田晃訳 (2008)『創造力を生かす－アイディアを得る 38 の方法』創元社。
5) 文部科学省中央教育審議会 (2011 年 12 月 9 日) 説明資料 (濱名篤) . 文部科学省 HP　http://www.mext.go.jp/b_menu/shingi/chukyo/chukyo4/015/attach/1314260.htm。
6) ダニング・クルーガー効果とは、認知バイアスの一種で、能力の低い人が実際よりも自分を高く評価してしまう現象である。この理論は、米コーネル大学のデイヴィッド・ダニングとジャスティン・クルーガーという 2 人の心理学者によって 1999 年に提唱された。彼らが行った実験では、読解や診療、自動車運転、チェスやテニスの試合など様々な場面で、成績の悪い学生ほど自分の順位を過大評価し、優秀な学生ほど自己評価を正しく、もしくはわずかに低く見積もることが明らかになった。Kruger, Justin; Dunning, David（1999）. "Unskilled and Unaware of It: How Difficulties in Recognizing One's Own Incompetence Lead to Inflated Self-Assessments". Journal of Personality and Social Psychology 77（6）: 1121–34。

第2部　実践編

第4章　アクティブ・ラーニングへの第一歩
―学習の深化を目指したフィードバック・システムの利用

　「個々の生徒が学習内容をより一層深く理解し、その成果を実生活に生かす」という目標は、全ての教科に通じる課題であろう。私が、まだ新任の高校教師だった 1980 年代当時でも、「政治・経済」の指導要領は「単なる機構・制度についての学習に終わることのないよう(中略)学習の深化発展を図る」ことを求めていたのである。すなわち、「人類の理性によって築き上げられてきた幾多の所産を、生徒たちが体得すること」に一定の比重がおかれていた。端的に言えば、「日本国憲法の人権規定を丸暗記することよりも、人権という考え方や見方を身につけなければならない」ということになろう。

　そこで、身近な事例を通して生徒自身の人権に関する考えや感じ方を引き出し、それを即時に生徒側へフィードバックさせ、人権への理解を深めることを目的として、勤務校の視聴覚教室[1]に設置されていたアナライザー[2]やアナログ型の生徒作成物提示装置[3]などを活用した授業展開を実施した。この実践は、私にとっては、思い出深いアクティブ・ラーニングの最初の試みであると同時に、当時の最先端機器を備えた特別教室を用いた 1980 年代を象徴するアクティブ・ラーニングの実践例である。

　ここで紹介するアクティブ・ラーニング型授業の前段階として、講義型授業によって、人権に関する判例や京大滝川事件などの歴史的事実を通して、理論と現実の相互関連の理解を図った。その上でさらに、生徒自身の実生活とも関わる事例を提示して、「人権を保障するとはどういうことか」そして、「自らは何をなすべきか」という問題提起を行ったのが、以下に紹介する授業である。

第1節　高校生の妊娠と人権問題

　人権問題として生徒に提示する内容としては、ややインパクトの強い事例であるが、敢えて「性」をテーマに取り上げた。その理由は、何より、高校生にとっ

て最も関心の高いテーマであること、また、それゆえに人権問題を身近に感じることができるのではないかと考えたからである。

　この授業で提示した事例の概略は、「妊娠した高校三年生Ａ子が退学を申し出て、２学期末試験を最後に登校しなくなるが、担当教諭の努力等もあって、Ａ子に卒業資格が与えられ、結婚・出産する。」というものであった[4]。

　この事例では、婚姻の自由、プライバシー等々の人権とも関連づけた上で、「Ａ子の教育をうける権利」に焦点をあてて問題を整理していった。

第2節　生徒自身が考える問題解決の道すじ

　まず、この授業で取り上げる人権問題を考える手順として、Ａ子をめぐる現状の把握から、その具体的・個別的問題の解決方法までを考えることとした。その上で、さらに、将来的・一般的な問題の防止策について議論を深めるという学習の進行計画を、生徒に提示した。なお、事例の提示、授業の課題、問題解決の手順については、空欄付きのプリントを利用して、それらの理解の徹底を図った。

　まず、現状把握として、Ａ子の行動に対する種々の見解を整理した。たとえば、Ａ子の母は、「結婚もしていないのに子どもをはらむような不道徳なものは、学校を退学させられるのは当然」と見ているし、担当教諭は、「Ａ子は出席日数、単位認定などすでに卒業の条件をすべて満たしているので、卒業判定会議で長期欠席の理由を明示しない点以外には、卒業につき問題はない」と考え、また、教員の中にも「成績評価を出す前に、Ａ子の妊娠を知らされていれば単位は認定しなかった」との意見があったことなどである。この事例では、Ａ子自身は「退学して、将来そのことを後悔したとしても、それは覚悟の上」と意思表示していた。このような立場、見解の相違がある中で、生徒自身の感じ方を集約するため、どの人の考え方に最も共感するか、そして逆に賛成できないかを、アナライザーによって回答させ、その結果をモニターを通して生徒に提示した。

　特に目立った傾向としては、上記のＡ子の母のような退学を当然とする見解に対して全体の46％の者が賛成できないとしたのに対して、担当教諭の考えに共感できるとした者もほぼ同数の48％であった点が注目される。生徒の意見は、高校生の妊娠ということについて、賛否二分されていたといってよい。

第3節　「何が問題か」を探る

　次にＡ子の妊娠を前提として、どのような対応が考えられるかを、Ａ子の立場から考えさせた。対応については、（1）退学、（2）中絶、（3）出産等のため一時休学後復学、（4）その他の類型に分けて、その長所・短所を記述式で記させた。その他の対応については、生徒側から出された独創的なものがあればフィードバック・システムによって生徒に提示することとした。また、各対応の長所・短所についても、同システムによって、生徒自らの回答のうちのいくつかを選び出して、モニターへ送り出しながら補足説明をしていった。

　（1）退学については、妊娠を他の人に知られず、出産・育児・結婚にも専念でき、プライバシーも守られるであろうが、なぜ高校での学習を放棄しなければならないのか、さらには、それを強制できるかの問題が残る。いずれについても、自己決定権の尊重と教育権保障を基本に考えるべきではないかとの指摘をした。

　（2）中絶については、心身の傷を残すばかりか、場合によっては優生保護法（現在の母体保護法）上の違法性が生じる点を説明し、「妊娠中絶の高校生男女が退学処分に」（毎日新聞1983年5月10日）との新聞報道をOHP（オーバーヘッドプロジェクター）によって提示して参考資料とした。

　（3）一時休学については、学校の受け入れ態勢が十分整えられていない場合が多いため、勉学・部活動等の学校生活と育児等の家庭生活の両立も難しく、当然卒業も延びるなど問題点は多い。しかし「教育を受ける権利」の保障という点からは、評価できよう。

　（4）「その他」では、心中等の回答はあったが、建設的意見が出なかった。

第4節　真の人権保障のために

　以上のような論点を、生徒自身の回答をモニターによって全体に提示し、図表等の資料（統計データや新聞記事など）も活用しながら、それらの現実を見つめた上で、生徒たち自身、すなわち自分自身がどのように考えて行動すべきかを考えさせ、同時に、国家政策としてどのような対応が求められるべきかに

ついても生徒自身の思うところをまとめさせた。

　そして最後に、授業の総括として、（1）恋愛は自由であり、かつ人間にとって不可欠であって、その体験から「思いやり」の気持ちが生まれ、育つこと、（2）性への関心が、「単なる自己の欲望の満足」にすぎないならば、それは「愛」とはいえないのではないか、（3）人を愛するとはどういうことか、人権思想の理解はそれを知る一つの手がかりになるのではないか、以上の3点を提示した。
　また、国家政策としては、（1）保育施設等の児童福祉の拡充、（2）学校教育の多様化、（3）教育制度上の「教育を受ける権利」の尊重と確立などが生徒側からも出されてきた。これらの点の多くは、今後の学習分野でさらに理解を深めることが、計画されていたが、現実にその後の授業のなかでも、このアクティブ・ラーニングの記憶を呼び起こしつつ実施した結果、生徒からの反応を見る限り、この時の学習体験は、強く記憶されていたようで、その意味でも効果的であった。

第5節　ゆたかな個性を育てる

　この授業を通して、生徒の回答から、私自身が考えさせられた点がいくつもあった。とくに授業におけるコミュニケーションの大切さと、それを引き出すアクティブ・ラーニングの有用性を痛感させられた。もちろん、このようなフィードバック・システムを用いたアクティブ・ラーニングは、ICTや視聴覚機器がなくても十分に取り入れることが可能であろう。ただ、即時に、クラス全体の状況を把握しうる点で、これらの情報処理システムは大きな長所をもっていた。本章で取り上げたシステムを経て、今日のICTによって瞬時に回答を点検し、最も適当なモデルを全生徒に提示することなどは、ますます容易になっている。
　このようなシステムの活用によって、さらに生徒自身の考えが積み上げられ、深化させうる可能性は広がっているといえよう。
　このような、生徒間の知的刺激や、視聴覚機器や情報システムを通して、生徒自身が他の者との考え方、感じ方の相違に気付くところから創造的な個性を

育む契機が生まれ、ひいては、他者の意思をも尊重する「ゆたかな個性」が生まれることを期待したい。

事実、このような単発的なアクティブ・ラーニングのささやかな取組でも、生徒たちにとっては、貴重な経験となったようで、その後の授業展開にもプラスの影響は見られた。

アクティブ・ラーニング型授業の試みの第一歩として、重要なことは、次の点であろう。

それは、第一に、目の前の児童・生徒の主体的発達の可能性とその能力を信じて実践してみることである。実際に、生徒たちは、日々成長する存在であり、自ら発達していく可能性をもっている。そして、その可能性の萌芽を評価し、支援することで潜在的能力が開花することは、学校教育の現場ではしばしば見られることである。事実、全体として、生徒たちは、アクティブ・ラーニングに対して積極的であり、旧来の受動的な学習形態において、十分な学習成果を得られなかった生徒が、アクティブ・ラーニングに意欲的に取り組むという場面に遭遇することは少なくない。仮に「予想通りの結果が得られなかった」としても、このようなアクティブ・ラーニングによって、講義形式一辺倒では知ることのできなかった生徒たちの認識や理解度を体感し、新たな「生徒観」を獲得できる可能性は高い。そして何より、自らの実践への反省があってこそ、教員の自己教育力を一歩ずつ高めていくことにつながるのであるから、「反省点は多いほどよい」ともいえるのである。少なくとも反省がある限り、そこから新たなよりよい教育実践が生まれることは十分に期待してよい。

第二に、このような実験的実践の背景として、私の初任校の恵まれた教員間の学校文化、すなわち「教員文化」とでもいうような知的雰囲気があったことに触れておきたい。私の着任した 1980 年代当時の勤務校には、教科内での教育実践に関する研究会が、定期的に開催されており、それ以外にも、教科を超えて若手教員が自主的にお互いの授業を見学し、反省会を開いていた。またそれとは別に、少人数ながら幅広い年齢層のメンバーで構成された読書サークルがあり、教育書に限らず、サークルのメンバーが輪番で書籍を紹介し、その本について皆で語り合う機会もあった。このような場で同僚教員の実践や批評から学ぶことは多かったし、同僚教員らと共同的に教育活動を展開できるという

「教員文化」は、当然のことながら私を含む教師集団全体の教育実践へのモチベーションをよりいっそう高める結果となっていた。

このように教職員自身が、知的好奇心や知的探究心を持ち続け、学びの楽しさを実感し続けられる「教員文化」の存在と、それを支える教育委員会の存在は、アクティブ・ラーニングのような教育実践の進展には、大切な環境である。実際に、ここで紹介した教育実践は、教育委員会の刊行物に実践報告として掲載する機会を得た[5]が、そのことで、学校内外から、アクティブ・ラーニングについて貴重なアドバイスを得る機会が増えた。そのことも、私がその後、アクティブ・ラーニングの実践に継続的に取り組むことができた大きな要因の一つである。

このような教員文化を新任教師の頃に経験できたこと、そして多くの同僚教師とともに、教育観や子ども観等の教育論や実践手法を議論できたことは、後述の実践を進めていく上でも大きな財産となった。

昨今は、国や自治体のレベルで、教員統制のための法規制が進み、同時に教師の多忙化が深刻化している[6]。けれども、そのような状況であればこそ、なおさら、これに抗して、教育の場にふさわしい知的雰囲気、学びと教えの喜びがある教員文化の復興が求められているといえよう。

アクティブ・ラーニングは、児童・生徒の主体的で能動的な学びであるとともに、そのような学習の場における人的交流を通じて、教師自身の能動的かつ主体的な自らの学びの場が創生される契機となることを期待したい。

その意味で、アクティブ・ラーニングの進展は、学び甲斐と教え甲斐のある教育を取り戻す「真の教育改革」への一里塚ともなりうるであろう。

図表 4-1　西宮東高校視聴覚室

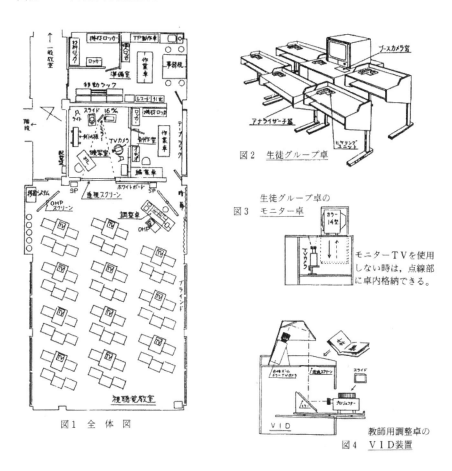

図1　全　体　図

図2　生徒グループ卓

生徒グループ卓の
図3　モニター卓

モニターＴＶを使用
しない時は，点線部
に卓内格納できる。

教師用調整卓の
図4　ＶＩＤ装置

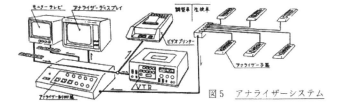

図5　アナライザーシステム

注
1) ここで用いた視聴覚教室のフィードバック・システムの全容については、本章のシステム図表4-1のほか、岡村良次「新しい形態の授業をめざして」(西宮市教育委員会指導一課『まど』52号〔1981年〕p.52、p.56)、同「新視聴覚教室のねらい」(西宮市立西宮東高校「20年のあゆみ」〔1982年〕pp.64-71)などを参照。

2) 1から5までの択一選択のできる押ボタン式スイッチが全生徒卓に設置してある。選択結果は、度数と%で表示できる。挙手による回答に比して、これらのフィードバック機器を用いた回答は、他のクラスメイトの視線を気にしないで自分の回答ができる点メリットがある。「性」などのテーマを扱うときには、より一層効果的である。

3) 5人1組のグループ卓に9台の割合で、白黒テレビカメラが卓内格納されており、文章や図形など生徒の書いたものをそのカメラで映写し、その映像を同時に各グループ卓の生徒用モニターテレビに写すことができる。

4) 長島健治「女子生徒の妊娠という事実をどう受けとめるか」(学事出版「生徒指導」昭和56(1989)年11月号)より抜粋し、要約したものを利用した。

5) 吉田卓司「人権学習の1つの試み」西宮市教育委員会『まど』55号(1984年)pp.68-90。

6) この点について、単行本として、中田康彦ほか『大阪-「教育改革」が問う教育と民主主義』(2012年8月)かもがわ出版、榊原秀訓編著『自治体ポピュリズムを問う-大阪維新改革・河村流減税のなげかけるもの』(2012年2月)自治体研究社がある。また、雑誌として、「(特集)論点・大阪の『教育改革』」教育科学研究会編集『教育』かもがわ出版2012年7月号、「(特集)新自由主義は学校をどう変えたか」『教育』国土社2011年3月号、「(特集)大震災と新自由主義下の教育」『教育』国土社2011年8月号、「(特集)教育に政治が介入するとき-大阪の『教育改革』批判」『世界』2012年5月号、「(特集)君が代訴訟・大阪府条例をどう見るか」『季刊教育法』170号エイデル研究所(2011年9月)、「(特集)大阪府『教育基本条例』の問題点」『季刊教育法』171号エイデル研究所(2011年12月)、「(特集)教育委員会の廃止・存続を問う」『季刊教育法』173号エイデル研究所(2012年6月)が参考になる。なお、この点につき、筆者私見は、吉田卓司「『不当な支配』と教育の自由-日本教育法学会で今日の教員統制はどう語られたか-」兵庫民主教育研究所『兵庫民研記要』3号(2012年)を参照。

第5章　生徒によるプレゼンと討議

第1節　教育課程におけるアクティブ・ラーニングの意義

　1994（平成6）年度から実施された学習指導要領は「改訂のねらい」として「個性を生かす教育」、「自ら学ぶ意欲と社会の変化に主体的に対応できる能力の育成」（『指導要領解説公民編』p.3）を掲げ、「公民科の目標」として、「現代の社会について理解を深めさせるとともに、人間としてのあり方生き方についての自覚を育て、民主的、平和的な国家・社会の有為な形成者として必要な公民としての資質を養う」ことを挙げている。

　この時の指導要領改訂は、社会科の解体と地歴科・公民科への再編など、本質的に極めて大きな問題をはらんでいた。

　具体的には、伝習館高校最高裁判決を背景として、高校「政治・経済」について「高度の事項、事柄には深入りしない」（同要領公民編2章3節3の（2））などの制約を明示するなど、教育内容の画一的かつ管理的な対応が強化された。このように、教育実践の上で、見過ごすことのできない問題点をもった学習指導要領の通知を受けて、当時の教育現場は、否応なしに、授業実践と教育課程の再検討を迫られたのである。

　しかし、「民主的、平和的な国家・社会の有為な形成者」をいかに育てていくのか、どのように「自ら学ぶ意欲と社会の変化に主体的に対応できる能力を育成」するのかは、指導要領の指摘をまつまでもなく、社会科（公民・地歴科）教育のみならず、学校教育全体にかかわる重要課題である。

　時代とともに変化する学習指導要領の片言隻句にとらわれることなく、教育の本旨に基づいた授業実践の立案と実施を進めていくことが肝要である。学校教育を実践する教師が教員免許法に基づいて、その専門性を法的に認定されていることは、すなわち専門職としての自律性を有することにほかならない。

　逆説的にいえば、他者の決めた内容を、決められた方法で機械的に伝達することが「教育」であるならば、それは誰にでも、あるいは機械にでもできる単

純労働であり、そこに教師の専門性を発揮できる余地はない。

　アクティブ・ラーニングは、能動的学習であり、子どもの主体性を尊重する教育方法である。このアクティブ・ラーニングが、効果的に機能するためには、そのファシリテーターともいうべき教師の教育に対する主体性がなくてはならない。いわば、自由のない教師が、子どもたちに自由を教えることはできないからである。

　本章と次章では、私自身が、これまでのアクティブ・ラーニングとして、指導してきた、生徒主体のプレゼン型学習とそれに続く小論文作成指導を反省しつつ、今後のアクティブ・ラーニングの課題を改めて考えていきたいと思う。

第2節　Mさんからの手紙
―アクティブ・ラーニングへのいざない

　1987年当時、私は勤務校で、3年生を対象とする選択科目「社会ゼミ」を担当した。

　すでに、その高校では、「社会ゼミ」を担当する社会科教員によって、生徒による報告と討議を内容とするアクティブ・ラーニングが、それぞれ個々の教師のもつ地理学や史学の専門性を生かして実践されていた。私も、そういった前年度までの「社会ゼミ」の担当教諭の授業実践を継承し、生徒による報告と討議を含めたアクティブ・ラーニングに取り組むこととなった。

　この授業実践の内容は、ほぼ毎年、その高校の刊行する研究紀要に実践報告がまとめられていたので、私もこの「社会ゼミ」の実践内容については、校内の研究紀要に原稿をまとめて発表した。そして、預かっていた生徒のノート、紀要掲載原稿の抜刷、ゼミ論集等をゼミ履修者の卒業生に返却・郵送したのである。この学年は担任として担当してきた学年でもあり、卒業後の付き合いも比較的多く、思い出深い卒業生たちでもあった。その中でも、その返書として届いたMさんのからの手紙は、いまも長く印象に残っている。

図表5-1　Mさんからの手紙―抜粋―

　―前略―先日社ゼミのファイルを受け取りました。ありがとうございました。すごくなつかしかったです。…そう言えば、社ゼミのころ一番、一生懸命モノを考えていたような気がして、もう一回やってみたいなァ。大学に入ってから、あんなに、みんなで討論したり、発表したりしたことないんですョ（ゼミに入れば、するのかもしれないケド）。

　アレは結構エキサイティングで楽しかったなァ。今年の社ゼミは先生がされるんですか。今年は（今年も？）問題にすべきことが結構ありますよね。特に天皇制とか、北京の流血事件、中国の民主化運動などは、討論するとおもしろいでしょうね。（ウチの大学では、中国の軍事制圧への抗議運動も行われていないので、学生同士が話し合うことはないのですョ。）―以下略―1989年6月

　しかし、このようなMさんの期待に反して、私は「社会ゼミ」という選択科目を以後一度も担当することはなく、1988年以降も高校「現代社会」と「政治・経済」において、基本的には講義形式の授業を続けていたのである。クラス人数が20名前後のゼミならばともかく、1980年代の私は、40余名の授業で討議形式の授業が成立することにはまだ懐疑的であった。

第3節　日米高校生の討論から
―留学生が残したメッセージ

　日米高校生による討議形式のアクティブ・ラーニング型授業を始めることは、確かに勇気がいった。それでも、生徒同士の討議を授業に取り入れることにしたのは、せっかくアメリカからの留学生が高校に在籍しているのに、社会的問題について意見交換する場がないのは残念だったからである。そこで1987年度から、英語科の先生にも大変な協力をお願いして、討議形式の授業を試行的に実践してみることにした。

56

図表 5-2　日米高校生による討議形式の社会科授業

（1）これまでの取り組み
（2）今年度における政治・経済の学習計

```
┌─ 一学期－政治分野
├─ 二学期－経済分野 ─┬─ 前期－経済理論及び経済史
│                      │        （社会主義諸国の激変に関する討議学習を含む）
│                      └─ 後期－①戦後の日本経済－日本経済の国際化
│                                ②独占と中小企業－経済の二重構造
│                                ③農業問題 ──────────┬─ 1）日本の農業の特色
│                                ④消費者問題－消費者保護の法制    ├─ 2）戦後農業の展開
│                                ⑤高齢化社会と社会保障            └─ 3）現代の農業をめぐる諸問題（本時）
│                                ⑥労働問題－労働基本権の保障
└─ 三学期－国際分野
```

学習指導案

指導課程	配時	学習活動 教師	学習活動 生徒	留意点
導入	5分	①本時の授業の進行について説明。②前時の作文を各自に返却。③前時の留学生の問題提起に対する代表的な感想を紹介。	①授業の展開を確認。②前時に提起された留学生からのコメント「自由貿易体制の確立」要旨を確認。③留学生に対してどういうメッセージを送ったのか、という点について、クラスの全体的な傾向を知る。	コメ問題のとらえかたや日本の対応などについての意見の多様性を簡単に示すとともに、後のアンケート結果報告とともに、クラス全体の参加意識を高める。
展開	10分	①前時に生徒が作成した留学生へのメッセージとアンケート結果の概要を紹介。②アンケート項目に関して、自由化問題の現状を新聞報道を資料として、補足説明。③アンケート結果に示された日本の高校生の意識や考え方に対し、留学生の感想と意見を提起。	①留学生へ日本の生徒から、率直な質問を行い、日米の食べ物に関する文化、生活の違いを知る。②留学生からのコメントアメリカからの留学生が、日本の食生活をどのように感じたかなど、日米の食文化の違いについて語ってもらう。	①事前に留学生には、アンケート結果と質疑を伝え、スムーズな討議の進行をはかる。②留学生の英語によるスピーチそのものよりも、外国の政治意識など異文化を理解しようとする態度を養いたい。③日本語による質問、感想は、あらかじめ英語科の教員の援助によって留学生の理解を得、討論時の発言については、発言要旨を教員が伝える。
展開	20分	①前時の作文を素材として、生徒から留学生の意見に対して質問（個別に指名、質問は、可能な限り英語で行う）。②発言者と同様の意見のものは、教師が補足的に読み上げ、発言者以外の生徒の参加意識を高め、質問内容自体の広がりや深まりをはかる。③留学生から生徒たちへの質問の回答、自分の意見などを個別的に発言。	①生徒の中のコメ問題に関する代表的意見を指名で発言、これに関して、質疑応答┌─コメの輸入自由化│　ウルグアイ・ラウンドの動きについて├─輸入食品の安全性│　ポスト・ハーベストなど└─本当に国民のための農業保護とは何か	
展開	15分	①質疑、発言に関連して、世界貿易の情勢、国内情勢について適宜解説を加え、討議の深まりを促す。　例1．世界の国々の対応状況　例2．日本のコメ問題の国会審議状況	学習事項－ウルグアイ・ラウンド（GATT）、日本の農業保護政策など┌─新聞等を利用し、生徒・留学生│　の農業問題に関する共通認識└─を形成する。	
総括	15分	討議のなかで印象に残ったこと、この討議後の自分の意見・考え、留学生へのメッセージの三項目について記録用紙に記載させ、本時終了後に提出させる。同記録用紙は、後日添削等を付して返却。机間巡視による点検後、生徒の感想例として代表的なものを紹介し、国際理解と意見交換の意義を理解させる。	①印象に残った事柄、感想を記入②上記の意見の交換により、各生徒が、米国留学生のみならず、クラスメイトがどのようなことを考えているのかを知り、この経験が将来に向けて、いかなる意味を持ちうるかを考える。	留学生へのメッセージは、できるだけ英語で記すこととし、他の項目は日本語で記入。単なる知識獲得を越えて、今後の学究への目的意識を持たせ、この経験を契機としてより広い視点を獲得できるよう総括する。

　討議のテーマは「国際平和」とし、アメリカで作成された反核映画の短縮版を視聴の後、それへの感想文を討議の素材として日米高校生の意見交換を行った。とりわけ、第1回目（1987年度）と2回目（1988年度）には、視聴覚教室のVID（教師卓と生徒机に備え付けられているビデオカメラ、TVモニターにより構成される生徒・教師相互間の映像転送システム）やアナライザーなどの機器を利用し、かなり「大袈裟」な試みとなってしまった。

　1990年度にも「湾岸危機」をテーマとして同様の討論を行ったが、この時は、各生徒が「生の」発言にふれ、視聴覚機器に依存せずに、より自然なコミュニケーションができることをねらいとして、普通教室での討議を試みた。

　これらのアクティブ・ラーニングの試みは、愛媛大学教育学部内に事務局をおく「社会科」学研究会の機関誌や高校の研究紀要に掲載するなどしたが（第8章参照）、これらの授業実践については、一定の成果がみられたものの、これらの討議は一部のクラスで実施しただけで、「政治・経済」の科目配当がある3年生の全クラスに実施することができなかった。しかも「政治・経済」の授業計画や定期考査などの評価や年間指導計画との整合性も欠いていた。

　そこで、1991年度のスポーケンからの留学生であるJ.D.Gerard君（以下ジェフ君）には、私の担当した「政治・経済」の4クラスの授業に可能な限り全て出席してもらい、定期考査も和英辞典を持ち込んで受験してもらった。そして、基本的には、講義形式の授業を行い、随時ジェフ君らの発言を促しながら授業を進めていった。また、毎授業時に、ジェフ君へのアドバイザーに生徒を1、2名指名し、学習内容や語句の不明な点をジェフ君が生徒に質問できるシステムをとって、授業のなかで生徒間のコミュニケーションが図れるようにした。そのような交流のなかで、ジェフ君のお父さんが「政治・経済」における消費者問題の授業を参観されたときには、お父さんに、アメリカの消費者運動や消費者組合（コンシューマーズ・ユニオン）について直接、身振り手振りの解説をしてもらうなど、楽しい経験をすることもできた。

　このようなプロセスを経て、農産物の輸入自由化問題について日米高校生の意見交換を内容とする討議形式の授業を行った。担当する4クラス全部で、同一テーマを討議したが、その内容は多岐にわたった。また、そのうちの1クラスは、1991年度「西宮市立中学・高校社会科連絡会」の公開研究授業として実

施することができた (図表 5-2 参照)。

　この研究授業後の反省会では、英語の討議自体をどれだけの生徒が理解できていたのかという疑問や、全体として討論の盛り上がりが不十分ではないかという批評が出された。第一の疑問に対しては、全ての生徒がジェフ君らの英語の質疑を完全に理解できていないとしても、多くの生徒が発言に意識を集中し、聞き取れた英語から発言の主旨を理解しようと努力しており、そのような努力の積み重ねの重要性が指摘された。

　言いかえれば、国際問題などの社会的課題に対して自己主張できるような「主体的自己」の形成と、国際理解への共生意識の獲得に、討議形式のアクティブ・ラーニングが有効であることが共通認識されているように思われる。しかし、このような討議によって、生徒たちが、国際的な課題解決への意欲を高めた半面、それに必要な社会的意識の不十分さと討論経験の不足を生徒自身が痛感したことも事実であった。また、図表 5-3 に掲げたジェフ君のメッセージの中でも、「他にもグローバルな世界的事件や個別的な経済問題について、もっと討論できる時間があればよかった」と述べられている。このような意欲のある生徒の存在にもかかわらず、その機会を提供できなかったことは、大きな反省点であった。このような経験と同時期に実施したのが、次節に述べる「現代社会」の報告学習である。

aw bulletin aw bulletin aw bulle

日本の高校で受けた経済の授業

One of the highlights of my trip to Japan was the opportunity to take part in a third-year economics class.

Working with the students, I studied the economy of Japan and the world. This class also gave me the chance to talk with the students about problems in the world and at home. By working closely with other students I could understand the class, despite my poor Japanese ability and the difficulty of the course material.

The teacher, aside from introducing me to the class, constantly worked to help me learn. During the class I became aware of the new importance of the economy in the lives of everyone. I was asked to give my opinion about certain topics and the class responded by writing back. These exchanges were the most enjoyable part of the class, I hope the students got as much out of it as I did.

It is unfortunate that more time cannot be spent on topics other than economic theory, such as world events and microeconomics. I would also like to see some activities for the students to learn real world economics, but changes will have to be made in Japan's education system before that can be done.

The class was well worth doing. I made many friends, and learned much about Japan and the world. I hope other exchange students will participate in the class and enjoy it as much as I did.

(Jeffrey Daniel Gerard
西宮市立西宮東高校に留学後、帰米)

Asahi Weekly,
Sunday, May 3, 1992

図表 5-3　ジェフ君のメッセージ

第4節　社会問題を考えるプレゼン学習の試み
―公民科におけるアクティブ・ラーニング

(1)「現代社会」における報告学習

　年間を通して生徒に報告と討議をさせる試みは、1989年の1年生の「現代社会」において、私ともう1名の社会科教諭の共同実践として行った。その概要は、図表5-4のブックレットを素材として、1班4名(一部3名)が、1人ずつ図表5-5のプリントのレジュメに添って報告するというものである。報告後には質疑を行い、報告内容に関しては、キーワード(図表5-5の生徒用記録用紙参照)を中心に定期考査で出題した。この授業の実施に際して、図書館には、下のブックレットを複本で各30冊購入していただくなど、学習条件の整備に多大の協力を得た。

　評価との関係では、共通キーワードを設けることにより、実質的に「現代社会」の報告内容を9クラスで統一し、共通の定期考査を行うこととした。しかし、その結果、キーワードと参考文献(ブックレット)を指定したため、報告者の自由が奪われて、内容の掘り下げや個性的な報告が難しかったことは、第一の反省点である。

　また、もう一つの効果として、定期考査に報告の内容が出題されるため、試験範囲のブックレットを図書館で借りる生徒も少なくなかった。この点は、評価の分かれるところであるが、少なくともこのようなテスト対策の読書は、「考える」というよりは「覚える」ことに重点がおかれていたであろう。その意味では、ブックレットのこのような利用は、教科書や副教材をテスト前に覚えるこ

図表5-4　現代社会報告テーマ(ブックレット書名)一覧

「食品添加物を考える」	「地価はなぜ暴騰するか」
「フロンガスが地球を破壊する」	「巷にあふれるいい話」
「チェルノブイリの放射能」	「ハイテクノロジーの国際競争」
「破壊される熱帯林」	「アジアの民衆 VS. 日本の企業」
「無敵な OL になる方法」	「消費税」
「軍事大国日本」	
「子どもの権利とはなにか」	

図表 5-5　現代社会　報告学習記録用紙

現代社会　報告学習　記録用紙　　1年　　組　　番　氏名	討議の記録

テーマ　子どもの権利とはなにか　　　　　年　　月　　日( )
参照箇所(資料集)　　p101・107・270 など

(1) 子どもたちの現状　　　(報告者氏名　　　　　)　いじめ(シ 107 など)
　　－子どもたちの状況－　　　　　　　　　　　　　ストリート・チルドレン
　　－さまざまな「子どもの人権」侵害－　　　　　　(図書館で調べる)

	良い点	発表者		司会・発言者

(2) 子どもの権利について考える (報告者氏名　　　)　世界人権宣言
　　－子どもの人権と子どもの権利－(子どもの権利とは何か)　子どもの権利宣言
　　－「子どもの権利」の歴史－

	改める点	発表者		司会・発言者

感想

(3)「子どもの権利」は人権の土台 (報告者氏名　　)　児童憲章
　　－日本における子ども観－　　　　　　　　　　　児童福祉法
　　－「子どもの権利」は人権の土台－

1年　　組　　番　氏名

記入上の注意
　1．各欄を全て記入する。
　2．発表内容や質疑について印象に残った点はその場で
　　　メモを取ることが望ましい。
　3．「改める点」は、単なるあら探しではなく、建設的
　　　視点で記入してもらいたい。

(4) 人権思想の発展のために　　(報告者氏名　　　)　児童の権利条約
　　(自分の考えを中心にすること)　　　　　　　　　(新聞で調べる)

とと本質的に差異がないといえるかもしれない。また、「社会ゼミ」の例に習い、司会など討議の運営は生徒の手に委ねた。しかし、形式的な手順を経て討議を進めることはできたが、47名のクラスで適切な議事運営を行い、臨機応変に発言を促すことは生徒にとっては荷が重かったようである。そのために、討議の盛り上がりが不十分な場合が多かった。それが第二の反省点である。

(2)「政治・経済」における報告学習

　このような「現代社会」における試みの反省を踏まえて、1992 年度の高校 3年生の『政治・経済』8 クラスでは、図表 5-6 の 16 テーマの報告学習を実施した。その事後評価調査の結果を参照しつつ、1992 年度の報告学習型のアクティブ・ラーニングが、生徒の学習効果としてどのような意味をもちえたかを考えてみたい。この調査は、報告学習を全て終えた 3 学期当初に、図表 5-7 の書式のアンケートを 5 クラスで実施したものである。

図表5-6　報告テーマ一覧と「最も印象に残った報告」

時期		報告テーマ一覧	人数	比率
一学期	中間考査前	食品の安全	8	4
		環境（1）酸性雨、熱帯林保護など	4	2
		男女の平等	11	5
		子どもの権利、教育問題	3	1
	中間考査後	自衛隊、PKO	3	1
		湾岸戦争、パレスチナ問題	7	3
		核兵器と軍縮	3	1
		原発問題	7	3
二学期	中間考査前	環境（2）オゾン層破壊、大気汚染など	18	9
		悪徳商法、クレジット	47	23
		ゴミとリサイクルビジネス	7	3
		高齢化社会の問題	18	9
	中間考査後	地価高騰・住宅問題、バブル経済	10	5
		外国人差別・外国人労働者問題	32	16
		南北問題－発展途上国の飢餓、ODA	7	3
		日米関係など国際、外交問題	19	9

a. テーマの選定

　テーマは、上の16とし、1テーマについて3名が、テーマに関連した個別テーマを設定して約10分間の報告をすることにした。16テーマのどれを選ぶかは、1学期当初の図書館における授業で選定を終えさせた。16テーマに際しては、「社会ゼミ」、「現代社会」の授業実践から、生徒の関心が高いと考えられるテーマ（食品の安全や生活関連の問題など）を選ぶとともに、近年急速に増えている大学入試の小論文テストで頻出テーマ（環境・国際問題など）とされる事項も参考とした。

　参考文献は、一つの考えに拘束されないように、二つ以上を用い、その文献・資料名を報告時にクラス全員に明示することを義務づけた（図表5-5の報告学習記録用紙の記入欄を参照）。文献等の選定は、「テーマとの関わりがあれば、どのような視点で何を取り上げてもよい」という方針を示した。他の報告者と内容が重複していなければ、基本的に自由ということである。そのため、報告の具体的な内容は、「現代社会」での報告学習と比較して、各生徒のもっている問題意識や関心に応じたものとなった。結果的に、かなり多様で個性的な個別テーマを選ぶ生徒が多かったように思われる。例えば、Mさんが「日米関係」の報告テーマのなかで、特に希望して「従軍慰安婦問題」を取り上げたところ、43名中8名が同報告を「最も印象深い報告」に選んでいた。またFさんの「南京大虐殺」に関する報告にも、46人中5人が同報告で示された虐殺の写真資料の提示などが「印象深い」とアンケート調査表に記していた。

　定期考査との関連付けは、定期考査範囲（図表5-6の各テーマの報告時期参照）の四つのテーマに関して、図表の読み取り問題や時事的なテーマからの出題を10〜20％程度盛り込むことにした（出題例は、図表5-9を参照）。

b. 報告学習の内容

　さらに、報告学習の16テーマのなかでも、生徒にとって印象の深かった報告学習を取り上げて、報告の概要や討議などアクティブ・ラーニングの内容をさらに検証してみたい。

①悪徳商法－消費者問題

　16テーマのなかで、最も生徒にとって印象に残っている報告学習が、消費者問題についての報告だったようである（図表5-6『報告テーマ一覧と「最も印象に残った報告」』参照）。このテーマについては、学校図書館を通して西宮市消費者センターから同センター発行の『消費生活ミニ辞典―うまい話にご用心―契約編』p.17を約400冊と『ストップ・ザ・悪徳商法』p.27を約30冊などの寄贈を受けたので、前者を全員に、後者を報告グループに配布した。報告の中でもこれらのパンフレットは、かなり生徒たちに利用されていた。報告後にも、これらの資料を「家族に見せた」とか「お母さんが読んだ」という話を生徒

図表 5-7　報告学習に関するアンケート

─────報告学習に関する事後評価─────

①あなたは (　　　　) 組の (男子・女子) どちらかを○で囲む

②あなたの報告グループは (　　　) 番 (右のテーマ番号を記入)

③あなたの個人報告テーマ ＿＿＿＿＿＿＿＿＿＿＿＿＿＿＿＿＿

④自分の報告した内容について、一番印象に残っている内容や自分として一番言いたかったこと、調べて驚いたことなど記してください。

⑤準備について、いつから、どのような準備を始めましたか。
　　当てはまるものに○をつけなさい。

- (　) 前日から
- (　) 2〜5日から
- (　) 1週間ほど前
- (　) 2〜3週刊前
- (　) 1カ月以上前

- (　) 参考文献を読む
- (　) 共同報告者と打合せ
- (　) 報告の原稿を書く
- (　) 先生に質問、相談にいく
- (　) プリントまたは掲示物 (グラフ、地図、表を作成する
- (　) その他 (具体的準備内容　　　　　　　　　　　)

報告テーマ一覧	
1	食品の安全 or 米問題
2	地球環境-酸性雨
3	男女の平等
4	子どもの権利、教育問題
5	自衛隊問題、PKO
6	湾岸戦争、パレスチナ問題
7	核兵器と軍縮問題
8	原発問題-チェルノブイリ等
9	地球環境-オゾン
10	悪徳商法・クレジット
11	ゴミとリサイクルビジネス
12	高齢化時代の問題
13	地価の高騰・住宅問題
14	外国人差別・外国労働者問題
15	南北問題-途上国援助など
16	日米関係

⑥あなたが聴いた報告で、一番印象に残っている報告、または感動した報告は、どの報告ですか。

　　報告テーマ ＿＿＿＿＿＿＿＿＿＿＿＿＿＿　報告テーマ番号 (　　) 番 (上のテーマ番号を記入)

⑦上の⑥に記した報告で、印象に残っていることは、どのようなことですか。

⑧報告学習に関して、次のなかで自分に当てはまるものがあれば、○をつけなさい。(あてはまるものはすべて○印をつけてください)
- a (　) 新聞やテレビニュースなどを以前より、見るようになった→⑩へ
- b (　) 学習の内容に関して、授業時間以外に友達と話した→⑨-1へ
- c (　) 学習の内容に関して、家族と話をした。→⑨-2へ
- d (　) 図書館の利用方法など、ものの調べ方が以前より、解るようになった→⑨-3へ

⑨-1．⑧の設問でbと答えた人だけへの質問です。友達とどういうことを話しましたか。

⑨-2．⑧の設問でcと答えた人だけへの質問です。家族とどういうことを話しましたか。

⑨-3．⑧の設問でdと答えた人だけへの質問です。どういう方法で学びましたか。○で囲みなさい。

　　学校司書の先生から　　公共図書館の職員から　　友達から　　自分自身で　　その他 (　　　　　　　)

⑩こういうかたちの報告学習は、今後どうしていけばよいと思いますか。○で囲みなさい。

　　続けるべき　　どちらかといえば続けた方がよい　　どちらかといえばやめたほうがよい　　やめるべき

⑪うえの⑩のように思った理由や今後実施する場合の改善点も記入して下さい

64

図表 5-8　報告学習記録用紙の記入・コメント付記の例

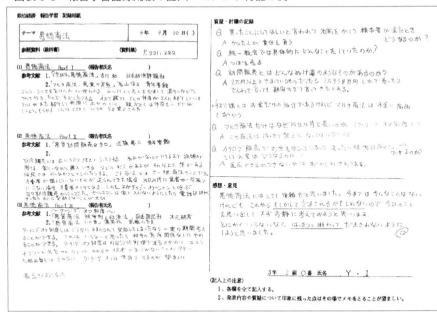

から複数聞いた。さらに、一つのクラスの報告時には、同センターの方にも授業風景を参観していただくことができ、生徒らの質疑に答えるかたちで、有益なアドバイスをしていただいた（その授業の報告内容と質疑の経過等については、図表5-8の「報告学習記録用紙記入例」参照）。

　この時の生徒たちの感想は、自分の直接・間接の体験を含んだものが多く、消費者問題が生徒たち自身にとって極めて身近な問題であることを痛感した。次のような感想例がそのことを示している。

　「僕は昔SF（新商品普及の略）商法を本当に見たことがあります。売り手が買い手（主婦）に『このナベ欲しい人』というと『欲しい』と仲間の売り手が手を挙げ、だんだん興奮状態になっていきました。―中略―この授業に消費者センターの方が沢山参観されて、僕たちの質問にも詳しく答えてくれたので、よく分かりました。」（M・H）

　「おばあちゃんが朝鮮人参の薬を買わされてしまった。一人暮らしのお年寄りがねらわれやすい。『お孫さんにあげてくれ』と置いていったぬいぐるみの山やお菓子が山積みになっていたのを覚えている。よく会社の事務所に、ちょっ

図表5-9　出題例

政治・経済　第二学期　期末考査　1992.12.15　その7

8．次の語句の説明として、誤っている部分の下線の番号を答えよ。

[解答番号46] UNCTAD－₀経済協力開発機構の略。1964年のプレビッシュ報告などで、先進国に対して、₁① 南側諸国への特恵関税の実施、₂②北側の諸国が輸入を増加させること、₃③一次産品価格の再位安定化、₄④経済 援助の拡大などを要求している。₄UNCTADには、先進国も加盟し、国連加盟国の大半が参加している。単なる 援助は発展途上国の自立をさまたげるとの指摘もあり、要求の力点は時代とともに変化している。

[解答番号47] 日米構造問題協議－日米の経済関係は、日本経済の国際的な地位の上昇と米国経済の国際的な地位の低下が 表裏一体であるように、密接な関連がある。そこで、1989年からこの協議が開始されたのである。日本は米国に 対して、₁貯蓄率の向上や財政赤字の解消を求めた。貯蓄率の向上は₂銀行の資金力を強化し、ひいては₃企業への 投資を増加させる。それは当然、₄設備投資の拡大を意味するので、技術革新の進展による米国経済の進展を保障する であろう。また巨額の財政赤字の解消は、...

[解答番号48] 農産物輸入自由化交渉として、現...　すでに1991年...外の国境措置の国税に差...から5批判が弱かったが...るといえる状況である。...ている。しかし、国内...示された。「例外なき...

[解答番号49] ODA－これ...ンスを抜いて₁世界一の...以上の援助をしている。...増加比率は先進国のなか...基準を達成していない。...

政治・経済　一学期中間考査　1992.5.25　その3

B．　Acid Rain（酸性雨）

Acid rain, the rainfall containing a high acidity of pH5.6 or below, pollutes water and damages forests and buildings.

Acid rain is caused by a high concentration of sulfuric and nitric acids, which are produced mainly from burned fossil fuels emitted into the air.

Damage from acid rain has been most serious in North America and Europe. Now Asia, Africa and Latin America are suffering increasing damage to rainforests and agriculture.

To combat a major trans-border environmental problem, the signa-tories of the 1985 Helsinki Protocol agreed to a 30 percent cut in the release of sulfur oxides. A 1988 Sophia Protocol stipulated a freeze of nitric oxide emissions at the 1967 level.

・pH5.6 pH以下あるいはより高い酸性度 potential of hydrogen水素イオン指数
・sulfuric and nitric acids 硫酸と硝酸
・the signatories...Helsinki Protocol (1985)ヘルシンキ議定書
・sulfur oxides 硫黄酸化物
・A 1988 Sophia Protocol...Sophia Protocol(1988)ソフィア議定書
・freeze凍結を意味する

⑦全部正しい　⑧全部正しくない
a．預金、貯金の利息が減り、一般家計も負担をすること多い。
b．ローンが借りやすくなり、物価が上昇しやすくなる。
c．他国に比して、金利が低くなる場合、円安になる。

[解答番号2] 左のEの文に関連して、酸性雨に関する下の説明文のうち正しいものの組合せを選び、マークせよ。
①aのみが正しい　④aとbが正しい　⑦全部正しい。
②bのみが正しい　⑤bとcが正しい　⑧全部正しくない
③cのみが正しい　⑥cとaが正しい
a．pH5.6が普通の雨で、これよりpHの低いものが74か所。
b．最も厳しい被害は、欧州、北米にあらわれている。
c．アジアなどでも、熱帯雨林や農業に被害が生じている。

[解答番号3] 左のEの文に関連して、酸性雨の原因ないし要因として、最も不適当なものを選べ。
①窒素酸化物　②硫黄酸化物　③車の廃ガス　④石灰
⑤火力発電所の廃ガス　⑤石油化学燃料の燃焼

2．[解答番号24] 左のグラフは、各国の女性について、どの年令層が何%就業しているかを示すものである。
この説明として正しいものの組合せを選べ。
①aのみが正しい　④aとbが正しい　⑦全部正しい
②bのみが正しい　⑤bとcが正しい　⑧全部正しくない
③cのみが正しい　⑥cとaが正しい
a．日本の場合は、結婚・出産の時期に仕事をやめる女性が相当程度は、いることになる。
b．日本のような女性の就業率のM字型のパターンは、他の国では、まったくみらない。
c．スペイン、メキシコ両国では、30才以降の就業率が、...
[解答番号25] セクシャルハラスメント（セクハラ）

政治・経済　第二学期　期末考査　1992.10.26　その7

②いわゆる佐川急便事件に関して、下の二つの論説文を読み、次の設問に答えよ。
[解答番号48] 自民党の竹下派会長であった某右翼政治家が議員を辞職した。その理由となった行為として、最も適当なものを選べ。
①所得税法違反　②政治改革の失敗　③暴力団対策法違反　④外国為替法違反　⑤政治資金規正法違反
[解答番号49] AとBの文の論旨に共通する最も中心的な主張を一つ選べ。
①この汚職問題を契機として、暴力団と右翼を徹底的に排除し、政治に関与させないようにしなければならない。
②汚職の責任は、ある意味で立派な行為であり、竹下元首相のために金をかぶったという点では、被害者である。
③「親分大将」の「老人いじめ」政治は、改革されなくてはならない。
④金丸氏がその竹下氏の議員辞職こそが、国会の方が野党一致してやるべき重要なことである。
⑤金丸氏がすぐに逮捕された異常時に、扉尋を与え、国民に詫びさせることこそが、国会が与野党一致して今後なすべき重要なことである。
⑥日本の首相が選ばれる過程で、暴力団と右翼が介在したことは、日本の恥であり、他国から今後相手にされないかもしれない重大なスキャンダルである。したがって、国際的な批判と説明をしないと必要がある。
⑦金丸氏はこの問題を終わらせてはならない。これを契機に、国会議員喚問の国会全生かすて、与野党が金融政治、派閥政治、密室政治のはびこる日本の政治を根本的に変えていかなくてはならない。

（A）

国名一覧（表）
ノルウェー、オランダ、デンマーク、スウェーデン、フィンランド、フランス、ベルギー、カナダ、ドイツ、オーストラリア、イタリア、日本、スイス、英国、オーストリア、ニュージーランド、米国、アイルランド、スペイン、ポルトガル

DAC合計

・日本以外の各国の実績は当該国（西暦年）実績である
・海外援助。各国別実績は、前年を下回る場合あり
・DAC合計には各国を含むが個別表示されない
・デンマーク、オーストリア及び仏の海外援助は...

とみすばらしい格好をして、おつまみを売りに来るということを聞いたこともある。だまされて買ってしまうと、そのおつまみが、結構高い値段ということだ。―後略―」(Y・S)

このような被害例を、次の授業で記録用紙を返却する際に、クラス全員に口頭で例示した。また、このクラス以外にも、討議のなかで「50年保障というナベを買ったが、修理をしてもらうために連絡したら、ナベよりも先に会社が潰れてしまっていた。」(M・S)という発言が聞き手側の生徒から出るなど、討議も盛り上がった。授業後の感想でも、「普段何気なく見ているクレジット・カードの恐ろしさがよくわかった」(J・F)、「悪徳商法と一口で言っても、霊感商法をはじめ、いろいろ種類があること。クーリング・オフの仕方も分かりやすくてよかった」(J・M)などの感想が多かった。

②環境問題

環境問題は、まさに世界の関心事である。それゆえ、国公立大学入試の後期、私大推薦入試で小論文試験の出題内容として、環境問題は頻繁に取り上げられている。そのこともあって、社会情勢の面からも進路の面からも、環境問題には生徒の関心も高い。これに関連する主なテーマは、「環境問題(1)酸性雨等」、「環境問題(2)オゾン層破壊等」、「食物の安全」、「ゴミ問題」である。

これらの4テーマを「最も印象深い」とした生徒は、やはり多かった(図表5-6「最も印象に残った報告」参照)。これらのテーマ学習の際の生徒の意見・感想欄には、次のような記述が見られた。

「実は私の妹はアトピー性皮膚炎という病気にかかっています。現代の食生活が豊かになり、それは良いことだと思う半面いろいろな問題も伴っているんだなと思います。妹はいろいろ食事の制限があり、油の種類も決まっていて、牛肉、トリ肉、卵、牛乳などは食べられません。この病気にかかっている子供は現在の日本にはたくさんいるらしいのです。食品を長持ちさせ、見た目を良くしても、人間の体に悪いんだったらどうにもならないと思います。」(T・T)

「新聞、雑誌などは古紙回収に出したりするけれど、普段学校でもらうプリント類などや、ノートなど、つい面倒で燃えるゴミに出してしまいます。それらは、学期末に整理するとかなりの量になります。ちょっと前に自治体で牛乳

パックのリサイクルがさかんに宣伝されていたことがあって、その時にしばらく出していたのですが、やっぱり面倒で、だんだん出さなくなりました。そういった面倒だという気持ちがゴミを増やしているのだと思います。―中略―捨てては有害なものもあるので気を付けていきたいと思います。それにしても電気製品のアフターケアの不備は何とかしてほしいと思います。ちょっとした故障なのに部品がなくて直せないし、新しいものを買った方が良いというのはおかしい。」(K・K)

　このように環境問題を身近なものとしてとらえている感想が目立った。また、問題解決への道筋として―

　「ゴミ問題は地球環境の問題と同様に人間にとって最大の問題だと思います。人がいる限りゴミは増えるのだから、最低限必要なだけを買って、捨てたらいいと思います。私はいつもコープへ行ったらパックの製品はやめたらいいのにと思っていました。マクドナルドへ行ってもケースは必要ないのに、紙で包んだ方がまだゴミが減るとか思ったりします。こうしてみると沢山の無駄なものがまわりにあります。―中略―私の家では牛乳パックを集めています。二、三か月もしたらものすごくたまります。これを皆の家でなんとかしたらかなり役立つと思います。私のおばさんは昨年赤ちゃんを生みましたが、赤ちゃんの服やおもちゃには全くお金がかかっていません。全部親しい人や兄弟にもらったものだそうです。私の姉が20歳と18歳なので、もう今から『赤ちゃんの洋服ちょうだい』と予約しています。まだまだ、かわいくて、きれいな服ばかりなので、こういう物は、近所や、親戚の間で回して使ったらいいと思います。小さな事からこつこつしていったらいいと思います。」(M・I)

　「こんなにも自然破壊が進んでいるとは知らなかった。最近はスキー場やゴルフ場などのレジャー施設、住宅のための莫大な土地開発などで次々に自然が破壊され、その度にニュースなどで問題になる割には、あまり改められてないなあと思った。自分にできることはやろうと思う。」(S・H)

　「私はゴミを作るのが得意中の得意です。―中略―最近はおばあちゃんと住むようになったので、そういうことに思わずコマゴマとするようになった自分が不思議です。おばあちゃんは、結構マメな人なので、そういう人と一緒にいると知らぬ間に無駄なものはしっかり省き、必要なものはきちんと大切にして

いくという習慣がついてきました。そのせいなのかは分かりませんが、学校の
ゴミ箱には結構注意して捨てるようになったし、家でもローソンとかのビニー
ル袋をたたんでしまうようになりました。―中略―習慣付ければ、みんな地球
への影響を減らしていけるのでは。」(S・M)―など自分のできることをしよう
という意志を示す者が目立った。

　また、これらの提出された意見・感想にはコメントを付して返却し、さらに
1、2学期にノート提出を行った。このようなやりとりの過程では、このよう
な意見交換もあった。

図表 5-10

> I君―酸性雨問題について、「政府や関係機関が国民の健康のために厳
> 　　しい規制をしていってほしい。」
> 私のコメント―「そういう政府をつくっていくのは…」
> I君のコメント回答―「有権者がよい政治家を選んでいくことだと思い
> 　　ます。」

　このように、この報告学習を通して、環境問題をより身近に感じるとともに、
社会的問題の解決のプロセスや社会問題と自分の関わりについて学んだ生徒が
多かった。これらの環境問題には、マスメディアなどを通して、程度の差はか
なりあるものの、一定の知識が生徒の側にあることが授業の前提となる。しか
し、その知識の多くは受動的に得られたもので、自分自身が調べたり、考えた
ものではない。社会的に賛否の分かれる問題に対して、自己の判断が問われる
ような経験はほとんどの生徒がしていないのである。その意味で、報告学習に
よって、これまでの自分の考え方に疑問をいだいたり、反省した生徒もいたよ
うである。

　広義の環境問題の一つである、原発・放射能汚染の問題について、報告をし
た生徒の感想には、そのような自己主張の再構築プロセスが見られる。

　「先生が、忘れっぽい頭で覚えていらっしゃるのならば、私が1年の頃に原
発賛成論者だったのを知ってらっしゃるでしょう。当時、まるで某国会議員の

ように『原発反対の人は電気を使うな』という主張をしていたわけです。今回6冊の本を学習しました。2冊は絶対反対者の著作、2冊は客観的に国内・外の原発事故を書いたもの、1冊は資料で、1冊は図解。賛成者の意見は、資料や図解の特集で。どうしても賛成者の意見に矛盾が感じられた。内部で変な対策資料をつくって、まわしているあたりも、あやしい。―中略―『ぼくが原発に反対する理由』―を読んだら、人生投げている奴以外は、絶対に反対者になると思う。」(H・N)

　単に知識を伝えるだけであれば、講義形式の授業は効率的であるかもしれない。けれども教育目標が、自立した主権者を育てることにあるならば、このようなアクティブ・ラーニング形式の授業形態の優位性は、否定できないように思われる。

③ PKO・従軍慰安婦問題―戦争と平和をめぐって

　この報告学習では、「自衛隊・PKO」、「湾岸戦争」、「核兵器と軍縮」といったテーマを戦争と平和に関するテーマとして取り上げたが、それ以外にも、「外国人差別」、「日米関係」のなかで、日本の侵略戦争の史実や日米安全保障条約の問題が討議の中心的テーマとして取り上げられた。そのなかで、「日本とアジア諸国」というテーマのなかで在日韓国・朝鮮人問題、従軍慰安婦問題、南京大虐殺を取り上げた報告は、聞き手の生徒に大きな関心を呼び起こした。その様子を見ていると、最近の日本の青年は、戦争の歴史的事実や今日的状況について、一般に無関心であるどころか、そのような問題への鋭い感受性と強い疑念を有していると言わねばならない。そのような高校生の社会的意識をいかに高めていくのかが、今日の教育に問われている。

　「PKOと自衛隊」の報告時期は、PKO法案が1992年度の国会で審議されている時期と丁度重なった。自民党の強行採決と社会党・共産党などの牛歩戦術が繰り返し報道された。生徒たちは、最初、国連の仕組みや国際関係上の背景などについて、理解に苦しんだようであるが、知れば知るほど、この問題が将来的に大きな問題であることを実感したようである。

　「PKOと自衛隊」のテーマで報告をした一人は、「勉強してみて、非常にためになったと思います。今日本は非常に難しい状況にいることは確かです。し

かし、急ぐばかりに日本の大切な憲法9条を壊してしまってはいけないと思います。日本はもっと、大々的に第9条をおしだすべきだと思います。そうして、医療活動などに自衛隊とは別個の組織で活動していけばきっと理解を得られると思いました。」(I・T) と感想に記していた。それに対して、その報告を聞いた生徒の1人は、「とても身近だが、私にはとても難しい問題だった。発言者の言っていることを聞きながら自分の、自分の国に対する関心のなさを感じた。はっきりいって、ちんぷんかんぷんのことばかりだった。これからはもう少し、こういうことに関心をもって接していかなければならないなあと思った。日本が、あらゆる面で、世界の国々に役立つ何かができるなら、それはとてもいいことだと、私は思います。だからといって、それが自衛隊の海外派遣にどうして通じるのでしょうか。日本はいつもアメリカや他の国々におびえて本来あるべき道を進まず流されてばかりです。こういうところが非難される1つの理由であると思います。もっとしっかりした考えをもってすじを通していくと、まわりの国々に認めてもらえるのではないでしょうか。」(H・F)

　生徒の声としては、「私も基本的には自衛隊がPKOに参加することには反対である。名前や建前が違っても、軍隊は軍隊で、戦争を引き起こす原因になるには十分だ。日本はアメリカをはじめ西欧諸国の目を気にしているようだが、日本はもっと自国の立場を主張するべきだと思う。」(K・K) とか、「現在PKO部隊はカンボジアに送り込まれています。TVのニュース番組では兵隊さんと家族が抱き合ったりしています。『元気で帰ってこいよ』という掛け声が印象的でした。私が、PKO問題について、今一番思うことは、報道機関が真実を私たちに見せ続けてくれるのかなということです。」(E・H) など、日本国憲法の平和主義に立脚したPKOへの疑念と批判が代表的な意見であった。

　また、在日外国人問題をとりあげて報告したSさんは、「今回、このテーマについて発表するのに、いろいろ不安がありました。今までこの問題を真剣に考えたことはあまりなかったのに、まるで全部知っているかのように発表はできないと思いました。しかし大事な問題を軽くできないと思い、具体的に調べました。」と報告前の逡巡と気概を、報告時の意見・感想欄に記していた。

　外国籍をもつ生徒たちが、自己の体験を踏まえた問題提起をしてくれたことは、とりわけ印象的であった。そのうちの一人は、「16才で指紋押捺させるの

は卑怯だと思う。私だって拒否したかったけれど16才では何の行動もとれなかった。―中略―その指紋押捺の時ほどくやしいことはなかった。『私らのこと人間やと思ってんの』とまで思った。知り合いの人は指紋押捺を拒否し続けたために職場に突然警察が乗り込んできて、連れていかれた。どれだけ市役所の窓口で制度を説明されたって、納得できる人なんていないと思うし、理解したくもない。指紋を押した人だって、望んでした人なんて一人もいないと思う。その人が母親であったり父親であったりすれば残される家族のことを考えれば、押さざるを得ない状況にあると思う。」と痛切に日本の法制度を批判している。そして、「私の祖母が戦争の時に日本に連れてこられて、それ以来日本にいる。私が隠さず、友達に、私は韓国人だということを話していたので、それが反対によかったのか差別されたことはない。でも、私はこれからだと思っている。」と記している。彼女は、歴史的な経緯を踏まえながら、自己省察を究めているといってよいであろう。他の生徒からは「祖父たちを強制連行しておいて、戦争が終わったからといって『日本人ではない』というのは無責任すぎる。僕ははっきりいって腹が立ちます。選挙権もなく、就職時にもハンデがあるし…。普通の日本人以上の権利をほしいと言うのではありません。外国人登録のことも含めて、普通の日本人扱いにしてほしいと思います。」という主旨の訴えもあった。このような心からの訴えかけに答える責務がわれわれ日本人にはあることや、教育のなかで取り上げていくことの重要性を改めて実感した。

　このような感想の他にも、この問題に対する、真摯に考えていこうとする姿勢が多々見受けられた。「朝鮮とか韓国の人と日本人の間に溝があるのは学校生活では信じられない。―中略―でも朝鮮・韓国の人たちに日本人は全員で（天皇も）あやまらなければいけないと思う。」（E・H）、「私は指紋押捺制度を調べたのだけれど、こんなにひどい話だと思わなかった。署名運動など小さなことからでも、日本人が改善していくのに努力しなければならない。」（H・K）、「もっと日本の教育で、日本が韓国・朝鮮人に対して何をやったのかドイツのように教育すべきだ。文部省は一体何をしているのだろう。」（T・K）など、日本の戦争責任の明確化と謝罪、誠意ある対応を求めるものが目立ったが、次のMさんの意見・感想が特に印象深かった。

　「在日韓国人に関する問題はすごく身近なことなのに、めっちゃ難しいこと

だと思った。というのは、私は、つい最近までは、『差別はあかん』とかすごい正義感にもえているような意見をもっていた。ところが、友達が『わたしチョンコやねん』って言った時、『チョンコ』という言い方にすごく動揺した。彼女は、人には隠している。そして、韓国人とは言わなかったこと…っていうか、『チョンコ』っていう日本人がすごく見下した言い方でつかう言葉を彼女自身が使った時、すごく複雑だった。私は、一方的にきれい事ばかり並べて、そうだそうだと言っているだけでは、何の解決の手口もつかめていないと思った。私はいつも、先生も言っていたけど、英語とかヨーロッパに目を向けることが国際人じゃないと思う。もっと基本的に身近に、まず日本の中で国際人になることが基本かもしれないと思った。先のこと、頂点を見つめて勉強するのもいいけれど、私は彼女と友達になったことで、改めて考えさせられるような気がしました。難しいと思ってしまう自分の中に、間違いなく差別の意識があることを痛切に感じています。」(S・M)

Mさんは、その後16テーマ最後の報告で、特に希望して「従軍慰安婦問題」を取り上げてレポートした。その報告は、日本の侵略戦争の本質を具体的かつ明確にとらえたもので、聞き手の生徒たちにも大きな反響があった。次代を担う高校生に、十五年戦争の史実、民族差別の本質的な問題について省察する機会をもうけることは、日本にとって、また社会科教育にとって重要な課題であることは疑いの余地がないであろう。

第5節　生徒からみたプレゼン学習の授業評価

こうして、社会ゼミから「現代社会」での試みを経て、「政治・経済」での報告学習を実施した。その過程でいつも感じたことは、私の予想以上に生徒がよく調べ、考えていったことである。この学習によって、私自身が生徒に教えられたというのが率直な感想である。この年度の「政治・経済」における報告学習の事後評価調査結果を次に示したが、生徒自身がこのような学習形態をより積極的に評価しているとみてよいであろう。

図表5-11　報告学習による教育的効果　　　　　　　　　　（複数回答あり）

生徒が「効果・影響あり」と認識している内容	人数	比率
新聞やテレビのニュースなどを以前よりも見るようになった	148	67
学習内容に関して授業時間以外に友達と話をした	25	11
学習内容に関して家族に話をした	40	18
図書館の利用方法など、ものの調べ方が分かるようになった	35	16

注　比率は全調査対象者数222名に対するもの。単位は％。小数点以下四捨五入。

図表5-12　報告学習をどう思うか

	人数	比率
続けるべき	122	55
どちらかといえば続けた方がよい	68	31
どちらかといえばやめた方がよい	7	3
やめるべき	3	1
未回答	22	10

図表5-13　報告の準備をいつから始めたか

	男子	女子	合計
前日	10	2	12
2〜5日前	36	32	68
1週間くらい前	40	36	76
2〜3週間くらい前	16	30	46
1ヶ月以上前	9	11	20

第6章　アクティブ・ラーニングとしての小論文作成指導

第1節　小論文指導の 11 年間の歩み

　私が初めて高校 3 年生を対象とする「政治・経済」の学習課題として論文作成を試みたのは、1983 年〔昭和 58〕卒業の高校生を担当した時である（第 4 章参照）。その卒業生の学年から 6 年間は、統一テーマを「平和」とし、論文作成の原稿用紙は罫線のみのものを利用して、字数制限を行わずに実施してきた（図表 6-1 小論文作成例を参照）。その後 1988 年度から 1991 年度までの 4 年間は、もう 1 名の社会科教諭と共同で指導計画を立てた。その実施過程で、テーマ選定や論稿の量的制限などにかなりの工夫が加えられた。

　その小論文作成とその実施方法の改善の主要な目的は、激動する現代社会を学習課題として反映させ、かつ生徒個々の問題意識をより正確に表現できる力をどのように引き出し、育成するかにあった。

　まず、テーマ設定の変化については、「政治、経済、社会に関わるものであればよい」という「テーマの自由化」を 1990 年度から実施した。また同時に、これらの生徒の自己主張を、自己意見表明の舞台として、雑誌、新聞の投稿欄に応募することにした。第 1 回目となった 1990 年度は、「世界」、「現代」など 34 雑誌及び 5 新聞社に投稿した。その後、投稿先とその字数制限について若干の変更を加えながら、1993 年（平成 5 年）卒業生まで同様の小論文作成指導を重ねてきた。

（1）テーマの選定の自由化―テーマの自由化による論文の多様化

　このアクティブ・ラーニングとしての小論文作成の学習の実施当初 6 年間は、国際平和を統一テーマとして掲げ、これに関わる内容であれば、何でもよいというかたちで、個人テーマを選択させ、そのテーマについて自己の考えをまとめることが課題であった。テーマとして「平和」に焦点をあてた社会的背景には、1980 年代に米ソの核軍拡が頂点に達していたことが挙げられる。米

図表6-1　小論文作成例

テーマ	Black & White
	－アフリカの南　遠い国の話－

　　3　年　　　組　　　番　氏名

参考文献・資料名

楠原彰『アフリカの飢えとアパルトヘイト －私たちにとってのアフリカ－』
亜紀書房　1985年
浜田省吾「HIGHLANDER」作詞：サンプラザ中野　1988年

「"差別がひどくて黒人じゃ生きられない　アフリカの南　遠い国さ
だけど金も銀もそしてダイアモンドも　アフリカの南の国から来るのさ
そうなんだぜ　婚約指輪がかがやきそうだ　婚約指輪がかがやきそうだ"
浜田省吾の「HIGHLANDER」という曲は、1番は題名どおり地価の
高さについて歌ったものだが、2番はアパルトヘイトについてのものだった。
チェルノブイリの事故があってから、反原発の歌が多くなった。有名なのは
東芝のレコード会社がRCサクセションの反原発の歌を発売中止にしたことがあっ
た。とかく何事にも無関心といわれている私達若者も、この"反原発ロック"
を聞いて原発というものについて考え始めた。同様に、この「HIGHLAN
DER」を聞いて"アパルトヘイト"について深く考え始めたのは私だけでは
ないと思う。

遠い国。地理的だけではない。私達はアフリカについてほとんど何も知ら
ない。アパルトヘイトについても"南アフリカ共和国で行なわれている人種差別制度"
というくらいしか知らない。この奇妙な言葉の中身は一体何なのだろう。

南アフリカ共和国は、もっとも、この国の約75%を占める黒人は15%しか
いない白人が勝手につけた"共和国"という名を認めず"南アフリカ"と称して
いるが、もちろん最初から白人が住んでいたわけではない。ヨーロッパで起こった
宗教改革の影響でプロテスタントのオランダ系の白人がまず入りこみ、そのうち
旧宗主国のイギリス系が入ってくる、この2つの争いはもちろんイギリスが強かった
イギリスに対抗するためにオランダ系の白人が"国民党"として政権を握った
のが1948年。現在まで50年も、先住民であった黒人を無視して、よそから
来た白人同士の争いのために、信じられない体制が続いてることに怒りを
覚えずにはいられない。

アパルトヘイトには、いろんな差別の法律の体系があるのにも驚いた。
ただ単に、白人と黒人は別にされている（これは"分離施設法"という）だ
けだと思ったら、アフリカ人を熟練労働者として認めない"原住民建築労
働法"。白人と有色人の結婚を禁止する"雑婚禁止法"。そして教育まで
アフリカ人は自由に受けられず、習う科目を制限する"バンツー教育法"。　裏面へ

（裏面からの続き）ど"同じ人間にする仕打ちとは考えられないものばかりだ。
アフリカ人が言っていた"We are schooled, not educated."（楠原 61p）
という言葉は、教育制度の整っている日本では考えられないことだ。

しかし、考えられないでは済まされない。この体制に反対する声が他国から
も多いにかかわらず、何故続くのか。当然、利益を受けるものがいるからだ。
もちろん南アフリカの白人達は言うまでもない。そして先進工業国－アメリカは
カーター大統領の頃は南アフリカに対して厳しい政策をとっていたがレーガン
大統領は南アフリカ周辺国は社会主義体制国が多いので、南アフリカも社会
主義になるのを恐れて、現在のアパルトヘイト体制を支持している。自分の国の
ため。南アフリカの黒人はどうなってもよいという自己中心的な考え。これだから
世界平和を実現は遠い。次のブッシュ大統領の南アフリカ政策に注目したい。
そして我が国日本も利益をえている国の1つだ。日本人は南アフリカでは
有色人種であるにもかかわらず"名誉白人"と称され、白人と同等の扱いを
受けている。「それを本当に名誉なことと思っている商社マンがたくさんいる」
（楠原 55p）というのだからたまらない。日本人もアパルトヘイトに加担している
ことになるのではないだろうか。日本人は"安い労働力"を求めて南アフリカへ
行く。前に書かなかったが、法律の中には"パス法"と呼ばれる16歳以上の

アフリカ人に、パス（身分証明書）携帯の義務があるというものもある。このパスは日
本の外国人登録証とどこか似ている。（楠原 67p）日本人が朝鮮人に対してして
いることと同じこと。太平洋戦争当時の安い労働力のための強制連行、そして現在
も指摘され続けている、このアパルトヘイトに似たことを日本人は自国でも行なってい
るのだ。これは私達の心の中のどこかにある差別意識のなすもの。白人を尊び
黒人をべっ視する。私にも心のどこかでそういう気持ちがあることを否定できない。
近年南アフリカの白人の中でもアパルトヘイトに反対する人が増えているらしい。
しかしやはり白より中心とした差別的な行為になっている人々の運動だ。"黒人意識
運動"という。黒人であることに徹底的にこだわる運動があるらしい。持って生ま
れた肌の色などで差別が生まれること自体、本来はおかしいのだ。

私達はもう少し、関心をもって南アフリカに注目すべきだと思う。遠い
国の話ではいけない。地理的に本当に遠いのは仕方ない。しかし意識まで
遠ければ、アパルトヘイトも、そして日本国内での差別問題もなくならず、世界
平和も望めないのだから。

二枚目へ

ソを軸とする軍事的、政治的対立は、地球を何十回も焼きつくす膨大な兵器の所有を許し、それと同時に最低限の衣食住さえも与えられずに飢餓や貧困に苦しみ、死んでいく数多くの人々をこの地球上に生み出したのである。その莫大かつ無益な経済的コストと深刻な社会矛盾は、世界中の誰の目にも、明らかとなっていた。統一テーマとしての「平和」には、高校生活3年間のまとめとして、そのような問題に目を向けてほしいという願いが込められていたのである。

　「平和」に関する小論文作成において、高校生たちがどのようなことを考えていったのか、この点を知る手がかりとして、テーマ報告用紙をもとに調査した結果が図表6-2の「小論文テーマ選択傾向の比較」である。この「テーマ報告用紙」は、論文作成の前時に図書館での調べ学習をした際に提出したものである。論文にはさまざまな内容が包括的に取り上げられていたり、いくつかの問題を関連づけて記載されているので、厳密に区別することは、かなり困難であるが、図表6-2により、全体のテーマ選択傾向の概要を知ることができよう。

　テーマの選択について、生徒から「『アフリカの飢餓問題』をテーマにしてもよいか」と問われたことがある。この時、私は「食べ物が無い生活を平和な生

図表 6-2　小論文テーマ選択傾向の比較

テーマ	1983 年		1984 年		1988 年	
	人	%	人	%	人	%
核と平和	156	39	120	34	73	27
15 年戦争・日本の戦争	57	14	45	13	29	11
自衛隊と日米安全保障条約	49	12	39	11	27	10
ベトナム戦争	4	1	8	2	4	1
中東問題	9	2	7	2	0	0
大韓航空機撃墜事件	8	2	1	0.3	0	0
北方領土問題	4	1	5	1	3	1
その他の国際紛争関連	0	0	11	3	6	2
ファシズム・ナチズム	9	2	2	1	13	5
戦争・平和の総合的考察	76	19	63	18	8	3
南北問題－アフリカの飢餓問題	3	1	18	5	7	3
国際連合	3	1	0	0	0	0
その他	23	7	39	11	97	36
合計	401	100%	358	100%	267	100%

活とは言わないだろうから平和な世界をつくったり、平和な生活をおくるうえで自分が一番大切な問題だと思うことを書いてくれればいいんだ。むしろ、そういうテーマは歓迎する」という主旨のことを答えた。そのように幅広く「平和」をとらえる視点こそ、真の「平和」を考える上で重要と考えていたので、そのようなテーマ設定は、まさに「大歓迎」であった。

　これに対して、図表中のテーマのうち「戦争・平和の総合的考察」の項の数値は、「戦争」とか「平和」とかいった極めて漠然としたテーマを報告した生徒の数である。言いかえれば、テーマを絞りきれなかった生徒といっても過言ではない。この実践開始の当初の2つの年度(1983〜84年)の場合、それぞれ19%、18%もそのような生徒が存在している。このような生徒の状況に対応して、1985年度以降の論文作成指導では、前年の例を示しながら、全体の統一テーマが「平和」だからといって、「戦争」、「兵器」といったテーマを安易に設定するのではなく、自分自身の問題意識に最も添っているテーマをよく考え、幅広い視点からテーマを選定するように、全体にも呼び掛けながら指導していった。

　その結果として、漠然とした「戦争」や「平和」をテーマとして報告した生徒の数は、1988年頃には激減している。また「核戦争」「原爆」「自衛隊」といった典型的なテーマを選択する者も減少し、逆に「その他」が増加している。このテーマ選択の多様化は、各生徒の考察対象が全体としてより具体化され、問題意識がより明確化されたものといえよう。

　図表6-3の「『平和』に関する小論文テーマ選択傾向」は、生徒のテーマ選定の多様化とその内実をより詳しく分類したものである。小論文の作成指導2年目の1984年度卒業生と1988年度卒業生との比較では、昭和天皇死去と年号問題がクローズアップされたことを契機として天皇制に関するテーマを選択した生徒が多く、環境、食品の安全性、差別問題、原発問題など、様々なテーマに取り組む生徒が増えてきていた。

図表 6-3　「平和」に関する小論文テーマ選択傾向

テーマ		1984 年			1988 年		
		小計	人	%	小計	人	%
核と平和	広島・長崎	41	120	34	21	73	24
	核兵器	26			24		
	反核・軍縮	25			6		
	米ソ対立・核戦略	6			4		
	その他の核戦争関連	22			18		
十五年戦争	中国・アジア諸国侵略	19	45	13	29	64	21
	沖縄戦・沖縄問題	14			11		
	戦争体験等戦争史実	12			24		
自衛隊と日米安保	憲法	11	39	11	9	27	3
	防衛費	5			4		
	日米安全保障条約	4			2		
	その他の自衛隊関連	19			12		
国際紛争	北方領土問題	2	32	9	3	13	4
	南北朝鮮対立・日朝問題	6			3		
	ベトナム戦争	8			4		
	中東・パレスチナ問題	7			-		
	大韓航空機襲撃事件	1			-		
	下記以外の国際紛争関連	5			3		
ファシズム・ナチズム		2		1	13		4
戦争・平和の総合的考察		63		17	8		3
貧困・飢餓等の南北問題		18		5	7		2
政治・外交問題		7		2	2		1
教科書問題等の教育問題		6		2	3		1
地球環境・公害		6		2	12		4
産軍複合体・兵器売買		5		1	4		1
国民の平和意識・風潮		4		1	0		0
有事・国家機密法等の法律問題		3		1	6		2
メディアに関する諸問題		3		1	0		0
原子力発電		1		0.3	11		4
差別問題		0		0	14		5
靖国、天皇		0		0	12		4
食品の安全		0		0	12		4
国際化に関する諸問題		0		0	9		3
医療、薬害問題		0		0	3		1
ソ連のペレストロイカ		0		0	2		1
高齢化社会の諸問題		0		0	2		1
その他		5		2	5		2
合計		359	359	100%	302	302	100%

図表 6-4　クラス別小論文選択傾向

環境		文Ⅱ	理科	国際	文Ⅰ$_1$	文Ⅰ$_2$	文Ⅰ$_3$	文Ⅰ$_4$	文Ⅰ$_5$	計	%
環境	環境問題全般	11	14	5	9	8	13	10	9	79	25.3
	ゴミ	4	8	2	2	3	2	5	5	31	9.9
	水質汚染	4	1	1	1	2	6	2	1	18	5.8
	食品の安全	1	1	1	2	-	5	1	3	14	4.5
	ダイオキシン等化学物質汚染	-	3	-	3	3	-	2	-	11	3.5
	砂漠化、地球の温暖化	-	1	1	1	-	-	-	-	3	1.0
健康と医療		10	2	6	9	3	2	9	9	50	16.0
	ガンと告知	4	-	2	3	-	1	3	5	18	5.8
	生と死を考える等	1	1	2	3	1	1	3	2	14	4.5
	エイズ	3	1	1	1	2	-	1	-	9	2.9
	骨髄移植・骨髄バンク	1	-	1	2	-	-	-	1	5	1.6
	脳死と臓器移植	1	-	-	-	-	-	2	1	4	1.3
教育問題、青少年問題		2	5	8	2	5	4	7	5	38	12.2
	入試、学歴社会	-	2	3	-	1	-	-	2	8	2.6
	校則、制服	-	-	1	-	2	1	1	2	7	2.2
	いじめ、自殺	-	-	-	-	1	1	3	-	5	1.6
	子どもの権利	1	-	-	-	-	1	1	1	4	1.3
	愛、同性愛、性風俗	-	-	2	1	-	-	-	-	4	1.3
	その他の教育・青少年問題	1	3	2	1	-	2	1	-	10	3.2
福祉		5	3	1	1	5	3	5	5	28	9.0
	高齢化社会の課題	4	-	1	-	1	-	3	3	12	3.8
	児童虐待、子育て、保育問題	1	2	-	-	1	1	1	-	6	1.9
	身体障害者福祉	-	-	-	-	2	-	-	2	4	1.3
	年金	-	1	-	-	-	-	-	-	3	1.0
	その他の福祉問題	1	1	-	-	-	-	-	-	3	1.0
経済・産業問題		5	3	1	4	4	1	3	2	23	7.4
	不況による就職難	-	-	1	1	1	-	1	-	4	1.3
	過労死、単身赴任、3K職場	-	-	-	2	1	-	-	1	4	1.3
	自転車、バス等の交通問題	-	-	-	1	-	1	2	-	4	1.3
	原子力発電	1	1	-	-	-	-	-	-	3	1.0
	消費税、税金の使い道	1	1	-	-	1	-	-	-	3	1.0
	高度技術、高度情報化社会	1	1	-	-	1	-	-	-	3	1.0
	地価、住宅問題	2	-	-	-	-	-	-	-	2	0.6
国際関係		3	1	6	3	1	-	1	2	17	5.1
	南北問題	-	-	1	-	1	-	1	-	4	1.3
	日本と欧米	-	-	1	2	-	-	-	-	3	1.0
	日本とアジア諸国	-	-	1	-	-	-	-	1	2	0.6
	その他国際化、国際問題	3	1	3	1	-	-	-	-	8	2.5
差別		1	5	4	1	3	-	1	1	16	4.8
	男女差別、男女問題	1	4	1	1	1	-	-	-	8	2.5
	差別全般	-	-	-	-	2	-	-	1	3	1.0
	外国人差別	-	1	2	-	-	-	-	-	3	1.0
	被差別部落問題	-	-	1	-	-	-	-	1	2	0.6
戦争と平和		2	3	1	2	-	-	3	3	14	4.5
	自衛隊と憲法	1	-	1	-	1	-	-	1	5	1.6
	戦争(ベトナム、侵略等)	-	1	1	1	-	-	-	1	4	1.3
	核兵器(広島、長崎を含む)	-	1	-	-	-	-	1	-	3	1.0
	ナチズム	1	1	-	-	-	-	-	-	2	0.6
犯罪と刑罰		1	1	-	2	4	2	2	1	14	4.5
	死刑存廃	1	1	-	-	2	2	-	1	7	2.2
	アメリカの銃規制	-	-	-	1	1	-	1	-	4	1.3
	少年の凶悪犯罪と司法の対応	-	-	-	1	-	-	1	-	2	0.6
	クロスボウによる野鳥襲撃	-	-	-	-	-	-	-	1	1	0.3
米の輸入自由化、輸入米の安全性		-	-	3	1	3	5	1	-	13	4.2
自己省察、自己主張		-	3	2	-	2	1	-	-	8	2.6
政治改革、国民の政治意識		-	1	-	1	1	1	-	-	4	1.3
メディア、ジャーナリズム		-	-	-	-	1	-	1	-	3	1.0
離婚など家庭問題		-	-	1	-	1	-	-	1	2	0.6
言葉について		-	-	1	-	1	-	-	-	2	0.6
天皇制		-	-	-	-	1	-	-	-	1	0.3
計		40	42	41	38	40	32	42	37	312	100

　そのような動向を受けて、生徒の主体的思考を深めるためには、テーマをより自由に設定させることが望ましいのではないかという結論に達し、1988年以降は、社会に関係のあるテーマであれば、テーマは自由とした。図表6-4は、1991年度のテーマ選択傾向を示したものである。図表6-3の1988年度の生徒に比しても、さらにテーマ選択は多様化していることが明瞭である。

（2）メディアを通した意見表明―新聞に掲載された高校生の主張

　新聞等への投稿を1990年から始めた最大の理由は、生徒が書いた論文内容があまりにも素晴らしかったからである。小論文に毎年目を通し、その内容には毎回感心させられてきた。そのうちごく一部は、高校図書館が編集発行する文集に、1985年度以降掲載することもあったが、多くの論文は、3年の3学期という制約から、私と本人以外の目にふれる機会も少なく、またそれを広く紹介する場もなかった。このことは、優れた論文が多ければ多いほど、さらに内容が優れているほど、残念に思われた。

　実は、これは「政治・経済」に限らず、「現代社会」のテーマ別新聞記事スクラップ、「世界史」の世界史関連の読書感想文など、1、2年時の夏休みの課題に関しても、しばしば教員間で話題になることであった。そのような非公式の話し合いで、生徒による「新聞、雑誌」などへの投稿もおもしろいのではないかという旨の意見もしばしば提起されていたのである。

　そのようなことに着想を得て、1988年の1年次の校外学習残留者への指導として雑誌「アエラ」と「詩とメルヘン」への投稿を試みたところ、幸いにも「アエラ」に4名の生徒の意見などが掲載され、「詩とメルヘン」にも陸上部員N君の一句が掲載された。そして、この残留者指導については西宮市教育委員会発行の雑誌「まど」にて誌上発表の機会も与えられた（61号p.96）。このような経験は、生徒たちにとっても大きな励みとなったようであった。しかも、上記の教育委員会誌に掲載された拙稿の抜き刷りとお礼の手紙を「アエラ」編集長宛に送付したところ、再び丁重な返信をいただいて、高校生とメディアを結ぶ教育の意義と今日的必要性を再認識させられた。

　そのようなアクティブ・ラーニングの経験を直接的なきっかけとして、1990年に「政治・経済」における小論文作成のアクティブ・ラーニングを、同

僚教諭との共同実践として実施したのである。

　雑誌「公募ガイド」掲載の投稿欄のうち、「世界」、「現代」など34雑誌・5新聞の45投稿欄に投稿すること（図表6-5）とした。このうち「アエラ」、「日経マネー」など6誌が字数自由であったが、多くの投稿欄には字数制限があったため、ほとんどの生徒は自分自身の選択した投稿先により、字数制限を受けることになった。

　このときの論文指導を終えての第一の印象は、字数を自由にしていた時に比して、制限を加えた方が自己の主張が明確化されたことであった。字数制限の無い時には、平均して1,200字程度から1,600字程度までの記述が多く、時には2,000字を越える生徒もいた。ただし、その論文内容の充実と量の多さは、比例していなかった。

　端的にいえば、多様な素材から自己の考えをまとめあげるというものは少なく、参考文献を引用して、その著者の主張に同感であるという主旨のものが多かったように思われる。これに対して、字数が制限されることによって、むしろ自己の考えを明確化し、文を洗練しようとする傾向が強められたといえる。しかも、投稿欄に掲載されるためには自己主張の独自性は不可欠の要素でもある。その意味では字数制限は、テーマの自由化と投稿があいまって好結果を生んだと考えてよいだろう。

　逆に、反省点は、投稿先を45ヵ所も例示したことである（図表6-5参照）。生徒にテーマ選定と同時に投稿先を選択させたが、テーマと同様、投稿先の選択にもかなりの迷いが生じた。結果的に小論文の内容が投稿先の募集内容に添わないものも少なくはなかった。さらに投稿先が多数に及んだため、投稿論文が掲載されたか否かの結果を担当教員で十分に確認することもできない状況となった。

　そこで、次年度からは、毎日新聞「読者の目」（800字程度）、月刊雑誌「世界」の「読者欄」（1000字）、アエラの「てがみ欄」（字数制限なし）への投稿など、少数の投稿先のみを例示し、特にそれ以外に投稿したいところを希望するものがあれば申し出ることとした。そして、原則として、1000字を限度に小論文を作成することにした。そして、1991年度には、Sさんの「枯れ葉剤がどれほど恐ろしいか」が毎日新聞（1992年3月7日付）に掲載された。

図表 6-5　投稿新聞・雑誌一覧

No.	媒体名	頻度欄	原稿枚数	謝礼	募集内容・その他	応募先
1	朝日新聞	声	500字以内	記念品		〒104-11 東京都中央区築地5-3-2 朝日新聞社「声」係
2	毎日新聞	みんなの広場	400字詰め原稿用紙に縦書き	謝礼		〒100-51 東京都千代田区一ツ橋1-1 毎日新聞社「みんなの広場」係
3	毎日新聞	私のリポート	600字程度	謝礼		〒100-51 毎日新聞社
4		女の気持ち	600字程度	図書券		〒100 東京都千代田区一ツ橋 毎日新聞社
5	読売新聞	気流	原稿用紙に横書きで400字	記念品		〒100 東京都千代田区大手町1-7-1 読売新聞社「気流」係
6	産経新聞	あけぼの		1,500円	日本のからだ論集、感動を	〒100 東京都千代田区大手町 産経新聞社
7		新コラムひろば	400字詰原稿用紙1枚程度	1,500円		
8	神戸新聞	わたしはまじめ人	400字詰原稿用紙に横書きで600字	1,500円	思いを寄せる話、感じたこと	
9		発言	原稿用紙に横書きで500字以内	図書券	怒りを寄せる話・感じたこと	〒100 東京都千代田区大手町
10	現代	編集部への手紙	500字以内	謝礼		〒112-01 東京都文京区音羽2-12-21 講談社内
11	THE15読売	ポスト		記念品		
12	中央公論	ふみくら	800字以内	図書券		
13	正論	読者の声	800字程度	謝礼		〒100 東京都千代田区大手町1-7-1
14	潮	読者の声	800字以内	謝礼		〒102 東京都千代田区一ツ橋 潮出版社「読者の声」係
15	新潮	THE21テーマ・トーク		5,000円		〒162 新潮社
16	THE21	ビジョン	500字程度	5,000円		〒102 東京都千代田区大手町
17	ボイス	オピニオン	400字詰め原稿用紙1枚程度		言いたいこと	〒601 京都市南区西九条北ノ内町11 PHP研究所
18	PHP	ほのぼのエッセイ	400字程度	記念品		
19		読者欄		図書券		
20	世界	テーマ投稿	800字以内			〒101 東京都千代田区 岩波書店
21	思想の科学	投稿欄	自由			
22	エコノミスト	提言	1,000字以内			〒100-51
23	東洋経済	論点	800字程度			〒103 東京都中央区日本橋本石町1-2-1
24	マネージャパン	レターから	自由	謝礼		〒107 東京都港区赤坂
25	日経マネー	読者の声	自由	謝礼		〒100 東京都千代田区大手町1-9-5 日本経済新聞社
26	NEXT	読者の編集室	500字程度	謝礼	記事についての意見	〒112 東京都文京区音羽
27	経済往来	読者の声			意見・自由	
28	株式にっぽん	新提案		提案料		〒103 東京都中央区日本橋
29	日経ビジネス	読者の声		謝礼		〒100 日本経済新聞社
30	オール生活	ワンテーマ	自由			〒101 東京都千代田区神田小川町
31	実業の日本	読者クラブ	400字以内			〒101 実業之日本社
32	朝日ジャーナル	読者から	400字程度	4,000円		〒104 朝日新聞社
33	週刊朝日	ひとこと	600字以内	5,000円		〒104 朝日新聞社
34	週刊文春	読者のひろば	400字以内	図書券		〒102 文藝春秋
35	トーキョー・ウォーカー	〈WALKER'S SQUARE〉		図書券500円分		
36	リング	投稿欄		図書券1,000円分		
37	アエラ	編集室から		3,000円		〒104 朝日新聞社
38	クロワッサン	読者の声	600字以内	謝礼		〒104 マガジンハウス
39	クレア	アンケート・レス	自由			〒104 文藝春秋
40	日経ウーマン	レス	自由			〒100 日本経済新聞社
41	旅の手帖	レス	400字程度			〒101 東京都千代田区
42	ステラ	レター欄	ハガキ・手紙			〒150 NHK出版
43	壱番の友	レス	ハガキ・手紙			〒160
44	アサヒカメラ	読者の手紙		掲載謝礼		〒104-11 朝日新聞社
45	日本カメラ	読者の声	800字以内	謝礼		〒100 東京都千代田区 日本カメラ社

図表 6-6　新聞掲載例

毎日 '94.2.28

雇用均等法の裏の意味考えて

高校生　伊福　万記　17（兵庫県西宮市）

ある授業時間に、先生が「これからは、男の子も女性の上司を持つことになるかもしれない」と話された時、ある男子生徒は「そんなこと、絶対いやだ」と、言いました。これを聞いて、私は大変驚きました。私は、小、中、高と男女共学で、男女差別をほとんど感じずに育ってきました。しかし、同世代の人の中にも、男尊女卑の考え方を持った人は存在するのです。

どうすれば、男女差別はなくなるのでしょう。

私は、意識の上での差別をなくすためには、まず目に見える差別、すなわち雇用差別をなくすべきだと思います。つまり、企業に男女雇用機会均等法の裏の意味を、今一度考えてもらいたいのです。

そして、その実行こそが、「女の下では働けない」というような男性を減らし、真の男女平等を実現する第一歩となると考えます。

読売 '94.3.9

家族がそろって会話ある食卓を

高校生・今村　知子　18（兵庫県西宮市）

「友達のAちゃん、偉いんだよ。夕食に自分で出前取って食べるんだって」。小学校五年の妹が言うには、Aちゃんの親は共働きで、子供たちだけで食事をすることが多いんだそうです。

今、こんな家庭が全国的にも増えているのではないでしょうか。私の家でも、週に何回かは家族そろって食事をしますが、それ以外の日は塾や仕事などの都合で、食事の時間はばらばらです。しかもそれがいつの間にか当たり前になっています。

でも、みんなで食卓を囲む時の方がはるかに楽しいです。だから私は将来、親と子供がコミュニケーションを大切にして、会話のある楽しい食卓を作っていくことを目標にしたいと思っています。

朝日 '94.3.15

私が女だから怒鳴ったのか

西宮市　佐藤　千尋（高校生　18歳）

先日、久しぶりにバスに乗りました。いつものように「ありがとうございました」と言って降りました。

その時、運転手から「お前、今いくら入れた」と聞かれ、「百九十円です」と答えると、「お前、十二月から二百円になってたの知ってるやろ」と、ののしられました。

バス代が値上がりしていたのです。しかし、たまにしか乗らないので知りませんでした。

しかし、私が男性だったら、ここまで大声で怒るでしょうか。きっと、私が女だし、子供だということで怒鳴ってもいいやという感情があったのだと思います。このことがあってから、バスに乗ってないし、見るのもいやなくらいです。疑われたことがどんなに私を傷つけたか……。

今、女子大生の就職難が言われています。やはり女性は不利で弱い立場なのでしょうか。私は男性に負けない強い女性になりたい。女性をばかにする人たちすべてに、女性だって何でもできるし、強いのだということを分からせたい。

神戸 '94.3.16

ボランティアの道目指す訳

渡辺　紀子　17歳（高校生　西宮市）

三年前の成人式の日に、私の叔母は成人を迎えた娘と車で帰る途中で交通事故に遭いました。二人とも生死の境をさまよい、娘は難聴に、叔母は重度の障害で介護なしでは生活できないハンディを負ってしまいました。

私はそれまで他人事として考えていた交通事故や障害者の問題を身近に感じるようになりました。そして、障害者を持つ家庭がどれだけ大変かということを実感しています。

症状が改善する見込みがないため病院に長期間は入院させてもらえず、あちこちの病院を転々として、結局今は社会福祉の施設に入っています。しかし、自宅に戻ったときの叔母の笑顔を見ると、やはり自宅で介護を受ける方がはるかにいいのだと感じます。もっと介護人の数が増え、在宅介護を援助するような組織ができさえすればいいと思います。

障害者が住みよい社会をつくるために、私は積極的にボランティア活動などに参加することで行動を起こそうと思います。

神戸 '94.3.5

就職難に見る女性への偏見

馬立　明子　18歳（高校生　西宮市）

昨年の秋ごろから、女子大生の就職難という問題が新聞などで目立つようになった。労働問題でも男女平等が盛んに言われている今、この問題はとても矛盾している。

好景気のころには人手不足ということで女性がどんどん採用されていたのに、不況になった今では女性は結婚や育児ですぐに辞めるからとか理由を付けて切り捨てていっている。会社側は恐らく、そういう女性にお金をかけて教育するのはもったいないし扱うのが面倒だと思っているのだろう。

でも、本当に働きたいという女性は結婚や育児があっても仕事を続けるだろうし、男性が思っているほど女性はいい加減な気持ちで仕事をしているのではないと思う。それなのに、なぜそういう女性のいい面も見てくれないのだろう。

今の社会はまだまだ男性が支配していて、女性を認めてくれるのはほんの一部だ。社会に進出しようと積極的な女性がどんどん多くなっている現在、男性もそれを受け入れるよう努力してほしいと思う。

神戸 '94.3.7

できる事からすぐ始めねば

田端　秀香　18歳（高校生　西宮市）

フロンガスによるオゾン層の破壊、酸性雨、森林破壊、地球温暖化など、環境破壊に関する問題を挙げ始めるときりがない。十年後、地球はどうなっているのか、われわれは普通に生活していられるのかと、しばしば不安に思うことがある。もはや地球を元の姿に修復するのは不可能になってしまったのかもしれない。

しかし、何の努力もしないで、既に滅びつつある地球をほうっておくわけにはいかない。われわれが将来も今と変わらない生活を送るためには何をすればよいのかを考え、それを実行していかねばならない段階にきている。

大事なことは、一人ひとりの努力である。空き缶や空き瓶をリサイクルに出す、車はできるだけ使わない、再生紙で作られた製品を利用する、合成洗剤は使わない――など、われわれにできる事はたくさんある。こうした小さな努力が集まることで、大きな成果が生まれてくるはずだ。

神戸 '94.3.15

高齢者のために若者の力を

山川　千恵子　18歳（高校生　西宮市）

先日帰宅途中に、広い車道を挟んだ向かい側の歩道で考えさせられる出来事が起きた。大きなブレーキの音が聞こえたので思わず足を止めて振り向くと、一人のお年寄りが細い道から自転車に乗って出てきて右折しようとしたが曲がり切れず、横倒しになったのだ。

にもかかわらず、その横を歩いていた中年男性も若い女性も全く助けようとしなかった。「何と冷たい社会なのだろう」と私は悲しい気持ちになり、また社会に対して不安感を抱いた。何十年後かに私が年老いて困ったとき、一体何人の人が手を貸してくれるだろうか。

お年寄りの数が増える一方で、生活環境は大きく変化し続けている。例えば至る所に段差があったり、駅には急な階段があったりと、お年寄りが苦労することが多い。

このような社会の中でお年寄りが安心して生活できるために、私たち若者がちょっとしたことにも手を差し伸べるように心掛けねばならないと強く感じた。

朝日 '94.3.25

自分の意見を持てる人間に

西宮市　山内　新吾（高校生　18歳）

「自分はどう思うのか」――これが僕に足りないものの一つであると思う。このため、他人に流されて後悔したことがある。

困るのは授業で自分の意見・感想を述べる時だった。批評はすなおに受け入れることができるのだが、それに対する自分の考えが浮かばない。

その批判が正しいのか、悪いのかぐらいは分かるつもりだが、では、どうすればいいのか、という問題になると思いつかない。多分、批判して考えていないからだと思ったので、最近は自分の考えを文章にしてみることにした。少しずつだが、前よりは意見できるようになったと思う。

やはり、人間社会の中では自分の意見がないようでは、自分の存在価値がないのではないだろうか。自分の意見を持ってこそ、他人や社会の欠点や長所が分かるし、何より自分の欠点が見えてくる。そうすることによって、より良い意見を持つことができると思う。

だから、常に自分はどう考えるかという気持ちを大切に前進していきたい。

その後、1992年と1993年には、字数制限を500字から400字までとし、学校で取っている4新聞を投稿先として例示するにとどめた。その第一の理由は、それまでの実践経験から、字数制限が厳しくなればなるほど、自己の考えを明確かつ簡潔に表現することが必要になり、その結果として質の高い論文が生まれていたからである。第二に、新聞の投稿欄の多くが500字ないし400字以内に字数制限しているため、より多くの生徒の意見を公にするためには、字数を制限した上でこれらの新聞に投稿する方がよいと判断したことがある。けれども、このような制限を原則として加えながら、他方では、上記の4新聞以外の新聞、雑誌に投稿を希望する生徒には、希望投稿先を申し出る申告制とした。結果としては、そのような申告はほとんどなかった。

　1993年の卒業生の場合、同年の2月から3月の間に朝日新聞の「声」欄に3名と神戸新聞の「発言」欄に4名が掲載された。またその翌年は、朝日、毎日、神戸、読売の各紙にそれぞれ48、40、38、26通の小論文を投稿し、計8名が掲載された（図表6-6参照）。

第2節　小論文作成指導と評価基準

（1）視聴覚教材の利用
　3年の3学期の実質的な授業期間は2週間である。週あたり2時間の「政治・経済」は祝日や行事の都合で、各クラス平均3回程度の授業回数になる。

　その貴重な3年3学期の授業時間内に、卒業試験をかねた論文を作成することと、その前に図書館で論文作成についての事前指導を実施することは、11年間変化はなかった。しかし、3学期の当初の授業形態については、11年間に大きな変化があった。

　当初3年間は、VTR「アトミック・カフェ」の視聴を、平和学習の導入と動機づけとして活用してきた（同視聴覚教材の利用については、第8章参照）。その後、1988年以降はVTRに代えて、1時間を教室での論文作成のための講義形式の指導を行うようになった。

　VTRの活用は、その後、1学期または2学期の授業時間数にゆとりがある時期に、一部のクラスについて実施することとした。使用するVTRも、「アト

ミック・カフェ」から「兵器の反乱」そして、「木を植えた男」へと変化した。「ア
トミック・カフェ」は、核兵器とその軍拡を進めるためのアメリカ政府の世論
操作を内容とするものであり、反核を主題としていた。これに対し、NHK が
シリーズ作品「21 世紀は警告する」の一つとして制作した「兵器の反乱」は、東
西冷戦がもたらした「終わりなき軍拡」の不条理を映しだしたものであった。
小論文の統一テーマとして「平和」を掲げてきた 7 年間にも、世界情勢は激動
した。ベルリンの壁の崩壊から湾岸戦争後の中東情勢に象徴される国際関係の
変化は、単に生徒が選択する小論文テーマの変化だけでなく、生徒に提示すべ
き VTR 教材の選択にも大きな影響を与えずにはおかなかったのである。
　その後、報告学習との関連もあって利用することにしたのが、「木を植えた
男」である。これはフランスの名もない一人の男性の物語である。彼は窮乏と
病いから妻子を失った後、一人荒野に暮らしながら、第 1 次大戦前から第 2 次
大戦後にかけて、 1 日に 100 個のドングリの実を植え続け、数十年後には広
大で豊かな森林を育て上げたのである。水も木々の緑も乏しかった原野に、清
水の湧き出る泉とそれを源泉とする清流がよみがえり、多くの人々が水と緑の
恩恵を受けて暮らすことができるようになった。これは、実話をもとにしたア
ニメーションの VTR である。高校生に限らず、今日の巨大で精巧な社会構造
のなかに生きる我々は「どうせ一人ではどうにも出来ない」という無力感に陥
りやすい。そのような意識の克服が、このビデオ視聴の指導のポイントであっ
た。報告学習と小論文作成の指導は、個々の生徒の意識と行動への働きかけで
ある。環境問題にしても、平和の問題にしても、無力感を克服して、自ら主体
的に社会を変えていく意思がなければ、現代の社会問題に対する知識が悪しき
ニヒリズムへと生徒を追い込むことにもなりかねない。その意味で、VTR「木
を植えた男」は、現代を生きる我々に勇気と希望を与えうる視聴覚教材といえ
よう。

（2）小論文作成の指導
　VTR による視覚的動機づけは、報告学習と絡めながら 1 、 2 学期に移行し、
3 学期最初の授業では、図表 6-7 のプリントを用いて、小論文作成の指導を行っ
た。国語における指導とは重複するところもあるが、例年原稿用紙の記入の基

本的なルールが徹底していない作文例も散見されるため、句読点の付け方や原稿行末におけるかっこ記号の付し方なども指導の内容に加えた。そして、これらの基礎的な点が不十分であれば、到底投稿はできないし、評価も厳しくなる旨をまず、徹底した。

　しかし、もっとも強調した点は、文章表現とは自己表現そのものであるということである。過去の生徒の作文例（新聞や校内文集に掲載された小論文）を参考にしながら、本や新聞などの他人の意見を引用しても、自分自身が誰の考えのどの部分を選んだかということで自分自身の価値判断が示されてしまうこと、自分の個性や独自性を生かしたものでなければ、一般論を述べるだけで、説得力や感銘の無い文になってしまうことを示した。

　また、評価基準にしたがってＡからＥの５段階に評価し、さらにＡからＤのうち、テーマ選定や内容が個性的なものをⒶⒷⒸⒹと評価した（図表 6-7 参照）。評価基準に大きな変更はないが、1993 年度には、当時導入が決まっていた新学習指導要領を先取りして、「民主的、平和的な社会の進展に貢献しようとする意欲」など評価基準の文言を一部加えるなどした。

　なお、任意提出のレポート作成にも継続的に取り組んだ。レポート作成の例などを順次更新しながら指導を続けた（図表 6-7 参照）。

　論文作成を「政治・経済」の最終授業時に実施することは 11 年間変わりがなかったが、字数の制限を原則的に 400 ～ 500 字にした時、当初は、早く書き終えた者が時間を持て余すのではないかと心配もした。しかし、そのような不都合は杞憂であった。最終授業時には、時間的余裕ができたため、下書きや完成原稿を見た上で、各生徒に対して推敲指導が可能になった。字数制限をしていなかった時には、そのような余裕はなかったが、字数制限の設定後は、自分の考えを規定字数内でよりよく表現する指導が可能になった。現実に、推敲を徹底して、論文作成当日にかなりの手直しをしたり、結論部分や導入部分についてアドバイスをした結果、かなり文章が洗練され、「その甲斐もあって新聞に掲載された」という例も少なくはない。例えば、「軍事大国への道に歯止めを」神戸新聞 1993 年 2 月 12 日及び「在日韓国人の登録制度廃止を」朝日新聞 1993 年 3 月 7 日の新聞投稿掲載者の生徒たちは、後日そのようなコメントを残してくれた。

第3節　図書館との連携

　この間の図書館の社会科関連図書の充実は、目をみはるばかりであった。その第一の要因は、選書に際し、生徒が授業で利用可能な図書を積極的に蔵書として加えたからである。率直にいえば、この小論文作成のアクティブ・ラーニングに取り組んだ当初は、「そこにあるもの」で調べざるをえなかったので、生徒が小論文で書きたいことを決めても、それを調べるための資料が全くないことも少なくはなかった。しかしその後は、年度当初に、年間学習計画として小論文作成を行うことを決めて、図書館司書及び図書部教員に、そのための資料準備を依頼することとし、相当な協力を得ることができた。

　そのため、アクティブ・ラーニングを開始した翌年以降、1年を経るごとに参考資料の充実を図ることができた。最大の問題は、利用時期が集中することであったが、よく利用される図書は複本で購入するなど、学校図書館の司書及び図書部教員の協力で、このころから発刊され始めたブックレットを10冊単位で購入するなど、相当思い切った蔵書準備をして、小論文作成の授業実践に支援をいただいた。

　これらの経験からいえば、図書館の利用は、アクティブ・ラーニングにとって非常に重要な要素であり、アクティブ・ラーニングを実施する予定のある教員は、年間学習計画や指導の展望を明らかにした上で、購入図書を計画的に整備していく必要がある。

　この小論文作成のみならず、報告学習についても、同様である。私自身、報告のテーマなどについて図書部の先生や図書館司書の方々と、何度も協議や相談をしてきた。特に、「どのようなテーマに関する本が比較的よく揃っているか」、「蔵書構成から見て、生徒の調査・研究が比較的取組やすいテーマは何か」、あるいは「資料の追加、雑誌類の別置など準備や協力はどの程度可能か」など、アクティブ・ラーニングの指導計画を立案する段階から、議論してきたのである。

　調べ学習や報告学習というアクティブ・ラーニングの手法を活用して、一定の学習効果をあげるには、将来的な見通しを教科と図書館で協議し、レファレンスや貸し出しなどについて図書館司書や関係教員との連絡を密にしておくこ

とが不可欠である。

　また、蔵書の増加とともに、学校図書館のリクエスト・サービスの充実も見逃すことはできない。この点では、図書館司書を中核としたレファレンスが、大いに成果を挙げた。「北方領土交渉についての最新情報がほしい」とか「アメリカでの高校留学生射殺事件に関する本が見たい」といった生徒の個別的な資料要望の声は、レファレンスを通して、学校図書館にない資料ないしは不足している資料をしばしば明らかにしていった。そのようなかたちで、レファレンスを介したリクエストが行われ、それに対応して、至急資料を備えるために現金買い取りによる大規模書店店頭での直接購入（当日持ち帰り、または２日後には学校に配送）や取次店での購入（３日後には学校へ配送される）などに図書館司書の先生方には多大の協力を得た。この他にも、至急必要な資料や臨時的な需要に答えるため、近隣の公立図書館や学校図書館との相互連携として、「相互貸借」も行われ、さらには公立図書館からの「特別貸出」も行われた。このような図書館の組織的連携等を知った生徒の多くは、図書館への認識を新たにし、自分の主体的な学習のために図書館があり、自己の権利が大切にされていることを実感したようである。このような図書館利用の経験は、単なる図書館利用のノウハウを知るだけに止まらず、今後自ら調べるべきこと、知りたいことのある時に、「考え、行動し得る」主権者としての自己学習力をつけるよい体験となったのではないだろうか。

　このように生徒の関心の多様化に従い、多様な社会問題についての蔵書が付け加えられていったが、その蔵書は今日の児童・生徒の関心のあり方を示すものともなっている。それは、それらの本が、授業とは直接関係なく借り出されていたことからも明らかであろう。社会問題に関する蔵書の増加は、その意味では授業を一つの契機にしてはいるものの、その要因には、生徒たちの社会問題への関心が存在するといってもよい。また、生徒が希望するテーマに添う資料が豊富になり、生徒の関心に合致した本が増え、レファレンスでそれらの豊富な選択肢を示すことが可能にもなった。その結果、生徒が自分自身で資料を選択する余地が増え、資料選択という段階において既に、自分が何に関心をもち、何に問題意識を感じるかを考える学習機会にもなっていった。このように生徒の自発的な関心の広がりと知的探求への強い意欲が、さらなる情報や資料

図表6-7　小論文作成の要項

レポートの作成例（目次）

①本格的論文

テーマ　PKOの行方

目次　はじめに
- 1章　PKOはどのようにつくられたか
- 2章　PKOの具体的検証
  - 1節　カンボジアのPKOと選挙後の状況
  - 2節　ソマリアの平和維持活動失敗と米軍撤退
- 3章　自衛隊とPKO
  - 1節　自衛隊の歴史
  - 2節　自衛隊の素顔
    - ①陸上自衛隊　②海上自衛隊　③航空自衛隊
  - 3節　PKO協力法の問題点
- 4章　今後のPKOと日本の関係
- 結論　日本人はどのように国際貢献すべきか

> 統計、文献、新聞などを総合的に活用して、歴史、現状を分析・検討したうえで、自分の考えをまとめる。
>
> 参考資料は各節ごとに記すること、記は自分の都合の良い方法で示す。

②感想文

テーマ　日本のアジア侵略

副題　朴慶植著「朝鮮人強制連行の記録」を読んで

目次
1. はじめに──なぜここでこの本を選んだのか
2. 強制連行とは何か
3. 戦後補償問題はどうなっているか
4. 敗者は何を訴えているか、どう考えるか
5. まとめ──自分たちは、どう考えるか

> 何か一つの文献を軸にして、他の資料によって肉付けを行う。
> 左の例では、保険問題の現状を新聞で補強し、最後に自分の考えを記す構成になっている。

③事例研究

テーマ　神戸高塚高校門圧死事件を考える

目次
1. はじめに──テーマ選定の理由
2. 高塚高校事件はどうして起こったのか
3. 明らかになった事件の背景
4. その後学校教育はどう変わったか

資料編「各校中の女子高生が急死、□□新聞○年○月○日
　　　　　　　　　　　　　　　　　□□新聞○年○月○日
　　「H元教諭に判決、

> 左のような時事的事件や評論を、新聞等を用いてまとめ、その事件がもつ意味をつかみ、資料としてマスラップを付け努力を示すのも一葉。

小論文試験について

①AからEの五段階に評価する。
　A─50点満点　B─40点　C─30点
　A─45点　　　B─35点　C─25点　D─15点　E─10─0点
　　　　　　　　　　　　　　　　　　　　　　　　　　（欠点）

②評価の基準

[文章表現に関する基礎的事項]──「小論文の書き方」のプリントの末尾①─③参照

1. 客観的事実に基づいて考えているか。
2. 既に学習した人権思想、経済・政治・国際情勢などの基礎的理解があるか。
3. 内容の事前予知、時間的からみて妥当な質と量があるか。
（量的には、字数制限（500字または400字）の80%は絶対的に必要）

[論文評価に関して高く評価される要素]

4. 民主的、平和的な社会の進展に貢献しようとする積極的な姿勢や意欲が示されているか。
5. 「人としての在り方、生き方」について、自己の問題として考えられているか。
6. 現今の諸問題について、自分と世界、過去と現在などを総合的に、幅広い視点で考えているか。

レポートの作成型について

1．レポートは任意提出である。
　①この得点は、小論文の点に加算される。（Aは+15　Bは+10　Cは+5）
　②1、2学期の欠点者は提出することが望ましい。

2．レポートの形式
　①表紙には、組、出席番号、氏名、レポート題目を明記する。その他字数制限などはない。また形式も自由。かつて、友達と共同して座談会をして原稿化したものや自分で選んだ侵略戦争の写真集なども多かった。
　②共同研究も認める。その場合各自の執筆分担を目次に明記すること。○○さんは立案のみ、□□君は清書のみというような分な担当は認めない分担内容として、○○さんは○○について、□□君は□□について自分自身で考え、執筆すること。

3．レポートの評価基準
　小論文に準じる。

図表 6-8　資料・文献リスト

小論文作成　資料・文献リスト　　(西宮市立西宮東高校図書館蔵書)1994年1月現在
注－3桁の数字は図書の分類番号を示している。
どんなテーマで主張するか！！

1．激動する世界をみつめて
－高校生として現代社会をどう見ているか、自分が
今の国際問題にどうかかわっていくかを考え、主張する。

2．安全な環境を求めて
－被害を防ぎ、命と健康をまもるには・・・

3．生と死を考える
－死を自覚することによって「真の生」の意味を問う

4．人権、平和とは何か？
無知は、一種の罪である。過去の歴史への無反省が殺戮や人権
侵害を再生産する。いま、我々は何をしらねばならないのか

5．天皇制とは何か
－皇太子の結婚の儀の報道など－

6．教育を考える

7．西宮、阪神間の地域問題
－新聞の阪神地域版、図書館郷土資料コーナーを利用し
て、福祉、教育、生活、交通などに提言を－

8．これから自分はこう生きる
－自分自身の進路(就職先の業界や将来の職業、進学先の
専攻など)に関して、抱負を語る－

9．一高校生として主張する
－高校最後に、是非言いたいことを－

<写真集>

<統計・白書・時事資料>
・最新世界現勢　　・データ・ファイル　・防衛白書
・朝日年鑑　　　　・朝日新聞縮刷版(記事収集に便利)
・経済白書　　　　・日本国政図会　　　・青少年白書
・地球環境白書(今「水」があぶない、いま「食」があぶない
　　今「ゴミ」があぶない、今「子ども」があぶない等々)
・「アエラ」、「ニュートン」などの雑誌

<新書>
岩波
・産軍複合体　　　・エビと日本人　　・自民党と教育政策
・憲法九条　　　　・バナナと日本人・男と女－変わる力学
・ベトナム戦争　　・韓国からの通信・JRの光と影
・ドルと円　　　　・年金入門　　・酸性雨　　・都市と水
岩波ジュニア
・みんな地球に生きる人　　・地球をこわさない生き方の本
・ナガサキ 1945年8月9日・21世紀を生きる君たちへ
・食糧問題ときみたち　　　・きみたちと現代
・戦争と沖縄　　・これが原発だ　　・主権者は君だ
中公　　　　　　　・複合不況　　・日中戦争
・沖縄の証言(上、下)　・ナチズム　　・生物化学兵器
その他　　　　・戦争と平和のマスコミ学　・軍縮
・核兵器と放射能　・憲法のはなし　・アメリカの世界戦略
・原爆詩人峠三吉　・証言帝国軍隊　・日本の政治警察
・原爆被爆者問題(以上日本新書)　・BC兵器　・沖縄
・原子力潜水艦(以上三省堂)　・中東を読むキーワード
・核時代を生きる　・地球環境のウソホント(以上講談社)
・だからせっけんを使う(三一新書)　・自衛隊(学習の友)

<ブックレット>
・脳死と臓器移植に関する12章　　・PKO
・有料老人ホームいまこみか問題　　・大学入試
・学校から拒否される子どもたち　　・朝鮮人従軍慰安婦
・ナチュラリスト入門－野原のささやき
・おいしくて安全な牛乳のえらび方
・日本社会と天皇制　　　　・ドイツ統一
・国鉄改革と人権　　　　　・子どもの権利条約を読む
・アジアの民衆 vs 日本の企業・ハンドブック東欧諸国
・飲み水があぶない　　　　・女の力はどう変わる？
・就職を拒否される若者たち　・死刑廃止を考える
・憲法9条の時代　　　　　・皇室報道の読み方
・ソ連社会主義　　　　　　・食品添加物を考える
・学校と日の丸・君が代　　・地価はなぜ暴騰するか

の必要性を生み出してきたことと、その知的要求に対して、学校図書館が適切かつ誠意をもって対応してきていたこととの好循環があって、はじめて、この小論文作成や報告学習というアクティブ・ラーニングが軌道にのり、比較的順調に行われたといってよいであろう。

第4節　様々な教科のアクティブ・ラーニング
―他教科・他校種間の連携

　前章の報告学習も含めて、このような生徒自身の知的欲求の掘り起こしが、単に、1教科、1科目の指導によって成されうるものではないことを、特に記しておきたい。

　これは、高校での教育について言えば、小、中学校などの高校入学前の教育活動、家庭教育をも前提として、考えなくてはならない。さらに学校内の他科目、そして他教科の教育成果の影響を考慮する必要がある。

　ここでは、社会科（公民・地歴科）の授業実践を主に取り上げてきたが、それらの授業実践の成果は、ただ一つの授業による成果ではない。その「社会科」の授業実践は、理科における体験的学習や国語科における表現力の育成、保健・体育科における命や健康など健全な身体を育むことへの意識づけ、さらには数学での理論的思考や英語科での国際理解の育成、さらには芸術科での「美」の探求や家庭科での「人間生活の真の豊かさ」といったさまざまなアクティブ・ラーニングに支えられたものなのである。

　小論文や報告の内容を見ていると、それら教科・科目における素晴らしい実践の一端を、生徒の文章やレポートの中からうかがい知ることができる。そして、何にも増して、これまでに積み上げられてきた、多様で歴史ある教育実践に学ぶことによって、はじめて私のような一教員にも現在のようなアクティブ・ラーニングの取組が可能になったといえよう。

　その一例を挙げれば、理科教諭による夏期休暇期間を利用した生徒の聞き取り調査の実践である。その調査結果は冊子に製本されてまとめられ、その冊子は学校図書館の蔵書資料として閲覧に供されていた。私自身も、それを拝読し、家族・親戚や地域の戦争体験などを生徒自身が掘り起こし、歴史や社会への視

野を広げていることに社会科教師の一人として驚くとともに、このようなアクティブ・ラーニングが、その他の教科教育にも不可欠ではないかと考えさせられた。この体験が小論文作成の取り組みへの直接的な契機ともなっている。

　さらに、保健体育科教諭が図書館を利用して健康や性に関する研究学習のアクティブ・ラーニングをされていたことからも多くの啓示を得た。私がたまたま学校図書館に寄った折、その授業を目にする機会があり、その様子を見させていただいた。すると生徒は具体的な教師からの指示がなくても、グループで話し合いながら、あるいは司書の先生にも相談しながら、いわば自由に楽しく調べたり、考えたりしていたのである。それは、報告学習を始めた今から思えば、当然の光景であったが、高校１、２年生にも、十分に高度の集団的な学習能力と自治能力があることを改めて感じたのである。

　それらの学習の成果物は、後日図書館の掲示スペースに展示されていたが、その展示内容の素晴らしさを目の当たりにして、さらにその印象を強くした。1993 年度の展示例では「おかわり自由のコーヒーは危険」「煙草を赤ん坊が食べるとすぐに死亡するほど危ない―展示物は英語で表記―」など、環境や食べ物の安全など身近なテーマを、イラストや図表を用いて分かり易くまとめていた。これらの報告例は、その後公民科授業で行う報告学習のテーマ選定のよい参考となった。

　1992 年度の報告学習のテーマの中で、生徒の関心が比較的高いものに「10. いのちと健康」、「13. 死を考える」があるがこれらのテーマを加えたことは、その保健体育科教諭のアクティブ・ラーニングの実践に接したことが大きな示唆となっている。さらに「政治・経済」における小論文作成時や報告学習時には、当然「保健体育」で活用された図書や資料が相互に活用されることになる。これら複数の教科で活用される参考図書が相当数あるということは、１冊の本が度々利用されるという面で効果的であるだけでなく、各教科の教師が多角的な視点から蔵書充実への働き掛けを行うことになり、蔵書の拡充という面でも有効である。それが、図書館が学習指導上ますます利用しやすくなり、より一層関係書籍が整備され、さらに図書館が活用されるという好循環につながるように思われる。

　この点では、家庭科教諭の実践にも多くの示唆を受けてきた。家庭科にお

ける「家庭経営」の学習分野では消費者問題が扱われ、かつ「政治・経済」でも消費者保護法制を中心にこの問題が扱われている。また、家庭科の「食物」に関する分野では、食品の安全性がその内容に含まれ、一方「政治・経済」では、やはり消費者保護に関して、カネミ油症事件やスモン薬害訴訟などが学習内容とされている。これらの分野の学習のほか、1年生の家庭科で実施されていた報告学習では、「過労死」など様々なテーマについて一人5分の口頭発表が実践されていた。これらのアクティブ・ラーニング型授業に関しては、私も授業参観をさせていただき、逆に1994年度には、「悪徳商法・クレジット」に関する報告学習に際して、家庭科教員に社会科の授業に参加していただいて、学習内容についての情報交換をする機会を設けた。

　さらに、英語科を中心とする国際交流というアクティブ・ラーニングによってもたらされた成果も、決して見逃すことはできない。私の授業では、前述のようにしばしば留学生が報告学習に参加し、有益な意見交換が行われた。その他にも、外国語の授業補助教員（ALT）に対してインタビューし、その内容を報告に盛り込んでレポートをまとめた生徒もいた。とりわけ1993年度の「アジアと日本」に関する討議で、中国浙江省紹興市からの中国人研修生から生徒へ向けられたメッセージは、意義深いものであった。

　この研修生は、日本の教科書検定に関して、「教科書に掲載されている日本の近現代史で『侵略』を『進出』に書きかえたことに驚きました。理解できないことです。過去のことを反省しなければ教訓にならないと思います。歴史の事実を国民に知らせてあげることは、真の平和を守るもとになると思います」と述べた上で、「中国人は大戦中の侵略行為をどのように考えているのですか」という生徒からの問いに答えて、「歴史の教訓を真摯に子々孫々に伝えていくことが、おそらくアジア諸国国民の信頼を生むと思います。（中略）中日両国の交流は文化をはじめ更に経済の交流が今後だんだん頻繁になり、今後両国の利益のため、これは交流の中心になると思います。青少年相互交流、たとえば相互訪問など、お互いに理解し合うことが非常に大切なことです。21世紀になると、私たち青少年の時代になります。中国では、日本の青少年との各分野での交流が有意義なことだと思っています」と述べ、生徒も改めて、歴史認識と国境を越えた交流の重要性を認識したようである。新聞、テレビなどのマス

メディアが報道する内容は、各国の政府の見解や外交方針に偏りがちである。しかし、生徒たちはこのような草の根の交流によって、その国民意識に直接触れ、その人間関係の中から、相互理解の大切さと地球人としての共感を体験することになったのである。

アクティブ・ラーニングのなかで示された生徒たちの論考や表現に光り輝くものがあるとすれば、それは生徒自身のもつ輝きであることは無論のこと、その下地には、おそらく「先進的、民主的、平和的」な学校、家庭、地域の教育環境があるであろう。その可能性と力を引き出し、もてる能力をさらに高めるところにアクティブ・ラーニングの意味があるといえよう。

今後のアクティブ・ラーニングの進展を考えると、学校においては、校種や教科を越えた指導実践の相互交流を深め、生徒の発達に応じた学習計画の調整もしていかねばならない。少なくとも、どのような中学校や高校においても、3年間に実施することとされている教育課程について、各年次の学習内容を踏まえた、統一性のある学習内容と効果的な指導方法を考えていく必要がある。

図表 6-9　報告テーマ一覧（1994 年度）

	1	消費者保護（悪徳商法・クレジットなど）
環境問題	2	環境1－大気系の汚染－地球温暖化、オゾン層破壊、酸性雨、騒音
	3	環境2－水質系の汚染－砂漠化、海・湖・川・飲料水の汚染
	4	環境3－放射能被爆－核兵器－、原発
憲法と人権	5	こどもの人権、教育問題
	6	男女平等
	7	メディア・政治問題（皇室、報道問題、政治腐敗、改憲と海外派兵、ファシズムなど）
経済と暮らし	8	暮らしと経済1－食品問題（食品添加物、農薬残留等安全性、コメ問題）
	9	暮らしと経済2－住宅、労働、税など（地価高騰、就職と失業、過労死、消費税など）
生と死を考える	10	いのちと健康（人工授精と代理母、エイズ、ガンと喫煙など）
	11	高齢化社会と福祉
	12	「死」を考える（ガン告知、死刑、臓器移植と脳死、自殺など）
国際問題	13	地域紛争（各地の紛争、EC統合、北方領土問題など）
	14	日本とアジア（中国侵略、従軍慰安婦問題、アジアNIES）
	15	日本とアメリカ（日米外交、経済摩擦、安全保障条約）

第5節　児童生徒が求めている「学び」とは

　報告学習の最後には必ず、記録の用紙にその時間の意見・感想を書いてもらうこととしていた。そして、これを回収した上で教師のコメントを付して、後日返却する。その際、報告者自身の意見・感想欄に最も多く見られる感想は、「このテーマについては、ある程度知っているつもりでしたが、今度調べてみてこれまで、こんなに大きな問題があるとは、よく知りませんでした」という旨のものである。自分自身で主体的に調べることで、初めて事の真相に迫り、より深い理解ができたのである。彼らは、知ることを楽しみ、また知る喜びを知ったといえるだろう。

　しかし、これでこの学習が終わるわけではない。H君は、授業後もしばしば準備室や教室で報告テーマやこのような授業形式自体について、私に議論を挑んできたが、その最初の質問は、「報告しても、それぞれ言いっぱなしで、結論がでていないし、それでは、何の問題解決にもならない。それでは意味がないのではないか」ということであった。それに対する私の答えは、「確かに、1時間だけ地球規模のテーマを高校生がクラスの中で討議したからといって、それで社会がすぐに大きく変化するものではないだろう。けれども、それは、これから君たちが社会問題に目を向けていく、最初の一歩としての意味があるのではないか。報告したり、クラスメイトの発言を聞いて、考え始めることに意味がある。いわばこの授業は、これで終わりではなくて、これから君たちが社会をよりよくしていく、その始まりなのだ」ということを答えた。もっとも、この答えは、授業の中でも何度か口にしていることであって、それを復唱しても、彼にすぐには理解してもらえなかったようだが、何度も準備室で話をするうちに、ある程度は、こちらの考えも分かってもらえたように思う。

　H君の問題提起は、実は極めて重要であり、確かに、このようなわずかの言葉で言い尽くせないものがあるようにも思われる。報告学習や小論文作成といったアクティブ・ラーニングも、後に主体的な自己啓発と問題解決への努力が続かねば、まさしく意味がない。その意味では、テーマ設定と各テーマ毎あるいは全テーマに一貫する学習のねらい、各テーマに設定されるべき本質的な問題解決への方向性を、指導する側が自覚的につきつめて考察しておく必要が

ある。このことは、テーマ学習の授業参観をしていただいた諸先生方からも、さまざまなかたちで指摘を受けてきたことである。

　例えば、悪徳商法・クレジットについての報告学習を参観した校長は、授業後に「消費者保護の具体的方法や悪徳商法撃退法といったハウツーだけでなく、霊感商法やマルチ商法のようなものがどうして蔓延するのか。そういった経済的、社会的、心理的背景の分析も含めて総合的に考えさせることが、これからを生きる高校生にとって大切である」との指摘をいただいた。また非常勤司書Ａ氏は広島での教師の経験から、平和に関する報告学習に参観の折、「しばしば『侵略行為は日本が悪い』というかたちで議論されることがあるが、どこの国が悪いということよりも戦争自体が『悪』という視点から考えることが重要」という旨の発言があった。これらの他にも、参観していただいた数多くの先生方から教示をいただき、社会科、あるいは公民科教育における本質的な指導姿勢を正されたように感じられたことは実に多かった。

　「Think Globally. Act Locally.」という言葉がある。環境問題に限らず、広い視野で考えること、着実に足下を見つめて努力すること、この両者がバランスよく行われて初めて、意味のある生き方が可能である。Ｓさんは、報告学習が全て終わった後に、「感想欄にどんな先生のコメントが書いてあるか、楽しみだった。それがなくなって残念」と言い、小論文が新聞に掲載されたことを連絡したとき、本人が留守で電話口に出られたＴ君のお母さんは、「うちの子は、小学校の頃から作文が苦手で、どうしようかといつも困っていたのに、この日偶然投稿欄に掲載されているのを見て…」と、驚きと喜びが隠しきれないようであった。また、Ｒ君のお母さんも「学校では、あまり良い思い出がなかったのですが、最後にこのようなことがあって本当に良かったと思います」と話されていたことも、印象に残っている。

　ここに挙げたＳさん、Ｔ君、Ｒ君の３名は、テストの点数や偏差値を物差しにすれば決して「優等生」とは言えないかもしれない。けれども、毎回クラスメイトが一人１回主人公になる報告学習、あるいはメディアを利用した意見表明において、アクティブ・ラーニングのなかでは、まぎれもない「優等生」であったように思われる。

　「子どもの権利条約」は、子どもの最善の利益を制度的に保障し、しかも従

来のように子どもを「保護の対象」とするのではなく、その権利保障の「主体」
として扱うことを基本理念とする。図書館司書土居陽子氏は『なにかおもしろ
い本なーい』(教育史料出版、1991 年)のはしがきで、同条約の基本的理念を
指摘の上、「自分で考え、意思表明し、行動する、生きる力に満ちたたくまし
い子どもたちを育てることが、いま、教育に求められている」(p.4)と記して
いる。

　現代の様々な教育的、社会的課題に対して、前述のような展望を堅持しつつ、
「これまでのアクティブ・ラーニングがどれほどの意味を有しうるか」、また
本書に紹介したアクティブ・ラーニングの実践例を含めて「その改善点は何か」
について、実践と考究をたゆまず進めていくことが、私を含む教育に関わる者
の責務といわねばならないであろう。

第7章 「よりよい生き方」を求めて
─生命の誕生から死まで

第1節 憲法と人権をアクティブに学ぶ

　目標や目的をもたない方法論は存在しえない。特に教育実践とその理論的基礎として、「教育の目的」、あるいは「今後の世界が目指すべき普遍的価値とは何か」を、常に意識しておくことは、教育実践にかかわる者にとって重要な意味をもつ。少なくとも、現在の日本では、日本国憲法に、日本社会が目指すべき基本理念が明示されている。その平和と人権と民主主義への誓いは、第2次世界大戦という空前の規模の人々の犠牲の上になされたものである。

　そして、教育についていえば、差別的、独裁的、あるいは自国中心主義的な「教育」目標の設定は、その「教育」のターゲットにされた子どもたちや教師たちだけでなく、その社会全体に、ひいては、国際社会にも甚大な被害をもたらすことを深く反省し、戦後の教育体制が再構築されたのである。

　しかし、憲法に人権保障が規定されていても、それだけで、現実に人権が保障されるわけでない。同様に、平和や民主主義が法定されているだけでは、それを実現したことにはならない。日本国憲法が「この憲法が国民に保障する自由及び権利は、国民の不断の努力によつて、これを保持しなければならない」と記しているように、個々の人々の人権意識の高まりと実践力の備えがあってこそ、本当の意味で、人権が大切にされる民主的で平和な世界が実現するのである。たとえば、「人権思想の理解」とは、「何が自他の権利であるか」を具体的に理解し、その権利を適正に行使するとともに、仮に人権が侵されたときには適切な被害回復の対応ができる実践力をもつことである。

　そのために教育が果たすべき役割は、極めて大きい。未来を担う子どもたちに、どのような教育を提供するか、すなわち教育の目的、内容、方法の追究は、人類永遠の課題であるともいえる。そして、この課題に答える一つの方法論としてアクティブ・ラーニングがある。ここでは、「学校教育における学びを自

分の人生において活用できるか」という視点から、前章に引き続き、アクティブ・ラーニングの具体的な実践事例を通じて、その意義と課題を考えていきたい。

　日本国憲法は、人権尊重・国民主権・戦争放棄を三大原則とし、この憲法をうけて、旧教育基本法が制定された。その前文の冒頭には、「われらは、さきに、日本国憲法を確定し、民主的で文化的な国家を建設して、世界の平和と人類の福祉に貢献しようとする決意を示した。この理想の実現は、根本において教育の力にまつべきものである」と述べられていた。そして、現在の教育基本法も、その第1条で、教育の目的を「教育は、人格の完成を目指し、平和で民主的な国家及び社会の形成者として必要な資質を備えた心身ともに健康な国民の育成を期して行われなければならない」と規定する。

　旧教育基本法に比して現行法は、いくつかの本質的な改変部分があるものの、民主的かつ平和的な社会の形成を目指し、人権尊重の基本理念に基づく憲法に、その基盤をおいていることに変わりない。
　日本国憲法施行50年にあたる1997年の教育研究集会で、丸木正臣先生の講話を聞く機会があった。教育基本法も昭和22年（1947年）に成立しているので、憲法と教育基本法はほぼ同時に生まれたことになるが、この憲法と教育基本法の制定当時、新任教師であった丸木先生が「新憲法と教育基本法の教育理念を校長から教えられ、衣食住に困る時代に輝かしい未来への希望を与えられたようで、教育への情熱がわいてきた」と語られたことは、今も強く私の心に刻まれている。

　現在の教育を考えるとき、「この憲法、教育基本法の成立から半世紀を経て、その理想の実現に向けて進歩してきたか」という視点を欠くことはできないし、私自身も、いつもその規準に照らして教育のあり方を考えようとしてきた。残念なことに、いじめ、体罰や自殺が相次ぐ日本の状況は、憲法の示した理想や当時制定された教育法規の理念に逆行している面があるといわざるをえない。その責任の一端が、文科省による行政や教育委員会による諸施策、あるいは日本のおかれている社会状況にあることは疑いようのない事実である。た

だ、そうであるからといって教師が、眼前の問題から逃避することもまた許されない。

　なぜなら、教育とは「不当な支配に服することなく」(現行教育基本法16条1項)行われるものであり、それは言いかえれば、旧教育基本法(10条1項)が明示していたように、教育は「国民全体に対し、直接に責任を負って行われるべきもの」だからである。すなわち、学校教育の担い手である教師は、教育の専門職であり、自らの見識に基づき、眼前の子どもたちに最善の教育を行うことが期待されているのである。教師には、憲法及び教育基本法等の教育法の理念と条理にてらして、その専門性を発揮し「教育法の理想を、どのようにすれば具体化できるか」を模索していく責務がある。

　このような今日の教育の基礎の中の基礎ともいうべき、「憲法と人権」の理解とその定着と活用のためには、どのよう視点から、いかなる教育実践が展開されるべきであろうか。

　また、日本が、子どもの権利条約を批准して(1994年)から、かなりの歳月が経過したが、子どもの権利状況は、どの程度改善されたであろうか。

　子どもの権利条約に基づいて、日本政府は定期的に国連の「子どもの権利委員会」に子どもたちの権利保障(侵害)状況を報告する義務を負っている。この委員会では、子どもの権利に関わってきた民間団体(NGO)からのカウンターレポートを参考に、日本政府の報告の真偽や妥当性を審査し、子どもの権利を拡充するための勧告を行う仕組みになっている。このような国際的検証システムのなかで、日本の子どもたちの権利状況には、国際的な視点からみて、様々な問題のあることが明らかにされている。

　前章では、このような視点から、高校生が人権、平和、共生の問題を、報告学習のなかでどのように考えてきたかを紹介した。本章では、そのような授業実践のさらなる展開として、自分たちの生き方、すなわちライフスタイルについてどのようなプレゼンと議論を展開してきたかを中心に、憲法と人権に関するアクティブ・ラーニングの授業実践を紹介してみたい。

第2節　生徒が主人公のアクティブ・ラーニング

　ここで示す教育実践例は、前章の高校3年生の「政治・経済」におけるアクティブ・ラーニングに引き続いて、1年生を対象とした「現代社会」の授業として計画、実践した内容である。

　この公民科「現代社会」の授業での年間学習計画は、図表7-1「年間学習テーマ一覧」のように、15回分の「大テーマ」を設定し、このテーマに関する具体的内容を各生徒グループが選択し、各々が報告の準備をして、生徒一人あたり5分から10分程度の報告を各クラス内で行うというプレゼン形式のアクティブ・ラーニングである。それぞれの「大テーマ」一つについて2名または3名の報告が行われ、それが終わった後に、クラス全体で約30分の討議を行ってきた。

　教壇には報告する生徒たちが立つ。生徒からの質問に答えるのも生徒自身である。教師は必要に応じて、補足説明などを行うこともあるが、生徒のレポート時は、教師は基本的には「聞き手」であり、レポートの後の討議の時は、議論の進行役に過ぎない。

　あくまでも報告と討議の主役が生徒であるところに、アクティブ・ラーニングとしての意味があるといえよう。

　このように1年生を対象とするクラス単位(約40人)の授業で、報告学習というかたちのアクティブ・ラーニングに取り組んだのは、前章でも触れたように、1989年度の授業実践が最初であり、私とともに同年度の「現代社会」を担当した地歴科(世界史)を専門とする社会科(地歴・公民科)教員との共同実践として、実施した。この年は、折しも国連第44回総会で子どもの権利条約が採択された年にあたる。生徒自身が主体的に学習し、意見交換によって、視野を広げるという試みが軌道にのったのも、このような国際的な潮流が後押しをしていたようにも感じられる。その後、生徒が主体的に報告し、討議するスタイルの教育実践は、転勤によって勤務校が変わっても、高校教諭退職時(2010年度)まで継続した。

　また、同様の生徒による調査研究と報告討議を組み合わせたアクティブ・

ラーニングは、日本史、世界史の授業においても、実践してきた。

　たとえば、高校「日本史」における「日本史偉人研究」では、生徒一人一人が、それぞれ日本の歴史上の人物一人を選んで、①なぜその人物を調べようと思ったか、②生い立ち、③歴史上の偉業・功績、④その人物の生き方から何を学んだか等を調べ、原稿にまとめたうえで各項目１〜２分（全体で５〜７分）でクラスメイトの前で発表し、クラスで質疑応答を行った。

　「世界史」では「歴史探究」と題して、生徒が歴史事項（人物も可）について、調べて発表する報告討議学習を行った。この「歴史探究」では、ペルーのマチュピチュ遺跡やフランスのベルサイユ宮殿などを訪れた経験のある生徒が自分の見た感想や映像資料も交えて報告した例などもあり、興味深いものとなった。

　このように生徒が文字通り「主役」となるアクティブ・ラーニングの授業は、様々なかたちで実現可能である。ここでは、高校公民科の「現代社会」で取り組んだ授業実践について、さらに詳しくみていきたい。

第３節　高校版「白熱授業」
　　　―自分の生きる道を探る

　「現代社会」の授業における報告テーマの大枠の設定は、その時々の社会動向を反映し、毎年のようにマイナーチェンジを繰り返して実施した。

　図表7-1に掲げた1996年の「年間学習テーマ一覧」では、1995年の阪神・淡路大震災とオウム真理教による地下鉄サリン事件を契機として、それに関するテーマを加えた。内容面での第一の大きな変化である。

　2011年３月11日の東日本大震災を契機として、再び防災教育の重要性が認識されるようになってきたが、阪神淡路大震災の際は、震災後10年を過ぎると小学校等では、震災の経験を知る子どもも少なくなり、15年以上を経ると、被災地の中学校や高校でも、防災教育を身近なことと感じにくくなる傾向がみられた。けれども、生徒に対する指導計画としては、このような教育活動こそ、地道に毎年、繰り返して授業のなかに位置づけていくことが大切である。

　公民科教育に限らず、震災の経験を風化させない学習計画は常に必要であり、教育課程のどのセクションにおいても、アクティブ・ラーニングの手法を生か

しつつ、そのような視点からのカリキュラム構成を意識しておくべきであろう。

　第二に、一覧表中の「2学期前半」にあたる「生と死を考える」の項目では、生徒の関心の高さを考慮して、「人が生まれてから、健康に生き、老いを迎えて死んでいく」というライフサイクルを意識できるように、報告学習の展開順に一貫性をもたせた。

　この「生と死を考える」の項目に関しては、その後、教育課程の改定があった後も同様に報告学習を実施してきた。

　「生と死を考える」の報告学習の実施前には、報告学習の前提として、講義形式の授業で、人権規定を中心

図表 7-1 年間学習テーマ一覧

1学期	前半	経済とは	消費者ほぼ
		人と環境	「食」を考える
			環境問題
			放射能とゴミ問題
	後半	社会と人権	子どもの人権・教育問題
			男女平等・差別問題
			くらしと防災（地震等）
			現代を考える（マルチメディア・宗教等）
2学期	前半	生と死を考える	生と性（HIV・中絶等）
			医療と健康
			高齢化社会と福祉
			死を考える
	後半	国際問題	国際紛争と国際貢献
			日本とアジア
			日本と欧米

とした憲法学習を行った。この憲法学習の一環として、「子どもの人権」、「男女平等」、「労働基本権」も、「生きるうえで不可欠の権利である」として、授業内容として必ず取り上げた。

　したがって、このような基礎知識に基づいて、以後の報告学習では、生徒たち自身による問題提起が行われることになる。ここで重要なことは、「自分自身が調査研究し、報告する能動的な学習」に取り組むことによって、講義形式の授業として、ある程度「受動的」に与えられた知識が、生徒自身の生きる知恵として「自分の血潮になる」ということである。単なる知識の獲得にとどまらず、この学びが、「よりよく生きる」ために実際に役立つことによって、憲法上の理念が現実化するといってよい。

　たとえば、図表7-2のプリントは生徒が作成した「男女平等」の報告資料であるが、報告者のY・Sさんは、「非婚」・「未婚」・「兼業主婦」がはやる現代に、「自分がどう生きるのか」という問題をまさに「自分の問題」として考えている

104

図表7-2 男女平等に関する報告資料

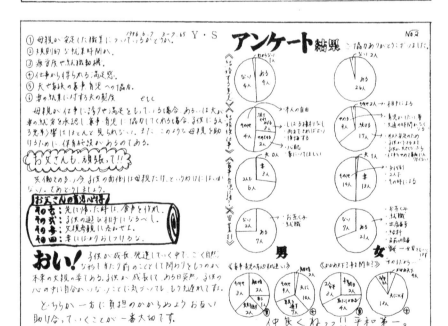

ことがうかがえる。そして、単に
参考資料や文献をまとめるだけで
なく、将来の「夫」となる男性の家
事・育児の参加の意識などについ
ても、クラス内で独自にアンケー
ト調査するなどして、報告の「聞き
手」であるクラスメイト全体の関心
を高め、生徒全体にとって大変有
意義なレポートであった。

　この時の生徒の感想・記録をみ
ると、「男女平等」問題についての
生徒自身の自覚や自分と深くかか
わる問題の存在への気付きなど、
アクティブ・ラーニングとしての
効果が、報告者グループの生徒た
ちのみならず、調査に協力したク
ラスの生徒たちにも、波及的に高
められたことがわかる。

　その他にも、男子を含め、何人
もの生徒が育児・保育に関する報
告をした年度がある。これは1、
2年時の家庭科男女共修に関する
授業を受けて、その内容をさらに
自分自身で深めたいという知的好

図表 7-3　AIDS に関する報告資料

奇心から出たものではないかとも推察された。また、ある男子生徒は、知人の
育児についての苦労や喜びについて、アンケートをとり、その結果をもとに育
児・出産をテーマに報告した。そして、自分の赤ちゃんの時の写真パネルをク
ラスで提示しながら、「このパネルは家に掲げているもので、その頃のことを
親がいつも忘れないためのもの。これを見ると、自分のことを親が今でも大切
に思ってくれていることがわかる」という旨の報告内容であった。そして、そ

図表 7-4　白血病と骨髄移植に関する報告資料

白血病 を 初歩の初歩 から 考える

<参考文献>「命を下さい、ルポ骨髄移植」遠藤允著：講談社
「驚異の小宇宙・人体６」ＮＨＫ取材班著：日本放送出版協会

この記事は実際に活動を行っている「神戸骨髄献血の和を広げる会」「姫路地区骨髄バンク推進センター」の方々にお話を聞いた質問・意見を掲載しています。

Q、全国にはどれくらいのドナーの方がいるのですか。

▷全国には７万人います。１０万人いれば日本人だけなら９０％適合者がいるはずなのですが、実際は３０万人が必要です。しかしなかなか１０万人に達しません。それは、ドナーになることのできる若い人が仕事をしている平日のしかも午前中にしか公的機関が開いていないのが問題の一つにもなっています（神戸血液センター等）。

Q初めて骨髄移植を知る方には何か情報を提供してくださるのですか。

▷移植を実際に行う方に対してはコーディネイターと呼ばれる人がついて詳しい説明をしてくれます。また各地区のボランティアの方々が年に４回ほど冊子を発行しています。そして我々が３年がかりで制作した「金色の鯨」という映画がようやくできあがったので今後はそれも活用していきたいです。

Q軽はずみでドナーになってしまい、いざ移植と言う際にしり込みしてしまう人はいるのですか。

▷数多くいます。ドナーが３０万人必要なのはそのためです。我々の友人（白血病）は、我々の会の中で３人適合者がいたのですが全員に断られ、次の適合者を待つ間になくなってしまいました。こういうケースは非常に多いです。ですからドナーの移植に対する理解が非常に重要です。

Q公的機関はあるのですか。また民間団体との協力はあるのですか。

▷東京に「骨髄移植推進財団」がありますが、やはり地域ボランティアの方々による呼びかけが主です。しかし必ずしも協力しあっているとはいえず、例えば「献血バスでもドナー登録などができるようにしてはどうか」と提案してみたのですが「献血バスは献血のためのもので骨髄移植とは関係ないと断られたりしました。ですから協力している所もありしていない、していない所もある、というのが実情です。

Q１９９２年の麻酔事故の反響やはり大きかったのですか。

▷それはやはり大きかったです。事故を隠していたのは薬害エイズと同様に厚生省にもかかわらずマスコミは骨髄バンクが事故を起こしたかのように報道しましたからね。実際、骨髄バンクは提供者を探しますが、手術は病院で行いますからそれは違うのではないかと思いました。ただ、手術にもいろいろ問題があって、一つは日本には麻酔医と呼ばれる人が少ないことです。そして骨髄移植を行う病院、医者、看護婦が少ないことです。ただ麻酔事故というものは骨髄移植に限らずどの手術でも起こり得ることなのです。それをふまえた報道をしてもらいたかったです。

Q阪神淡路大震災がおこった時期はやはりドナーの登録者は減少したのですか。

▷たしかに神戸や姫路では健康な人もそれどころではなかったので、その地区のみを見ると減ってはいますが、ところがあのころＣＭ（公共広告機構：ＡＣ）で「白血病の女の子」のＣＭをやっていて、それが何回も放送されたので逆にドナーの数は増えました（大阪など）。

最後に
今回は骨髄移植についてみてきましたが、いかがでしたでしょうか。単に骨髄移植といってしまえばそれまでですが、その中には「厚生省の態度」「経済大国日本と言われているにもかかわらず立ち遅れている国家間での協力」など社会的な問題が複雑に絡み合っています。またＨＬＡのあるタイプを調べることで、「今の日本人の７割が朝鮮、モンゴルの方からの移民であり、３割が弥生人である」という歴史的事実を示していたりとその活用範囲は学問への貢献にまでおよんでいます。また、今回の発表のなかでは、あえて将来ドナーになってみてはどうかというような発言はできるだけさけました。それは軽はずみな気持ちでドナーになってほしくないからです。骨髄移植とは患者にとって最後の方法であり、もし貴方が骨髄の提供を断った場合、それが患者の一生を左右しかねないからです。ドナーとは提供して初めてドナーなのです。軽はずみな気持ちでなるくらいなら、ならないほうがいいと僕は思います。ただ実際問題として、ドナーが足りないという現実があります。ですから僕は皆さんに骨髄移植、骨髄バンクについての最低限の情報を伝えました。
あとは、あなたが考え、決定し、行動してください。

の報告を「自分が親になった時にも、このような気持ちを忘れずに育児に取り組んでいきたい」という言葉で締め括った。

このように報告学習に先立つ憲法学習や他教科・科目の学習を手掛かりとして、「ヒト（または生命）の誕生」ないし「生と性」から、「生から死へ」という一連の報告学習が始まっていったのである。それもまた、学校教育のなかでの学習ネットワークの構築の一側面といえるであろう。

また、報告をまとめるにあたって、前述のように独自にクラスメイトや関係団体･機関等を対象にしたアンケート調査やインタビュー調査、フィールドワークを行った生徒は少なくない。図表 7-4 の「白血病と骨髄移植」についての報告資料も二つの骨髄移植関係団体・機関に問い合わせた内容をまとめたものであり、その他震災のガレキを野焼きしている地元の海岸とゴミ処理施設へ行ったグループ、福祉については、老人福祉施策について地元の自治体の担当部局に聞き取り調査をしたグループや有料老人ホームについて実際に校区内にある施設を訪問して実情を調べたグループがあった。

　このような能動的な姿勢、真実を知ろうとする意欲、知りたいことを自らの力で知る力は、まさに自分の「生きる道」を自分で見つけ、自分の足で歩む力にほかならない。そのための動機づけと「生きる力」の育成こそ今日の教育に求められているといえよう。

第４節　生徒による生徒のための生徒の「性教育」

　高校生たちは、「生と性」など、それぞれのテーマで様々な切り口から、問題を自分自身の生き方に結びつけてアクティブ・ラーニングをしてきた（これらに関する報告資料例として図表7-5参照）。
　「生と性」については、毎年多くのグループが「エイズ」をテーマとして取り上げている。毎年報告の有無にかかわらず、講義形式の授業でも厚生労働省や市町村発行のパンフレット類の資料を活用して、HIV感染予防と感染者の人権侵害防止を中心に公民科教育の側面からの性教育にも取り組んできた。
　エイズをはじめとする性感染症について、正しい知識と感染者の人権保障について学ぶことは、現代の学校教育として基礎的な学習内容であり、指導の必要性がますます高まっている。さらに、公民、保健等の教科学習に限らず、人権学習の一環として、サリドマイド事件、スモン事件、薬害エイズ問題などをはじめ、近年の薬害事件を消費者主権と関連させながら、授業のなかで取り上げていくことも重要であろう。
　「生と性」でエイズに次いで関心が高いテーマは、「避妊」・「中絶」である。エイズ等の感染予防とともに望まない妊娠の予防について、高校生の立場からの報告・意見表明は、聞き手の多くの高校生に大きな影響を及ぼしていると考えられる。図表7-5の報告資料にある「からだに安全な避妊法」では、避妊の実情を客観的に説明するだけでなく、女性の立場から各種避妊法の有害性をまとめ、比較的安全とされるコンドームの使用の単独使用は問題があり、「殺精子剤との併用が有効である」と説明された。また、別の報告者は、避妊法の長所・短所の一覧を用いて、最後に「結局1番いい避妊法はH（注―性交の意味）しないこと」という自分の結論を明確に述べて、同級生から反響を呼んだ。
　最近のマスメディアは東京・大阪などの繁華街で遊ぶ中高校生への安易なイ

図表 7-5　性に関する報告資料

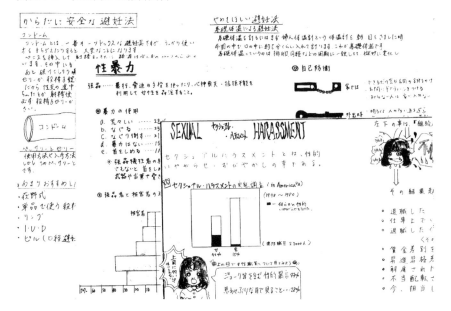

ンタビュー取材に基づいて、「高校生なら性交経験があって当たり前」のよう
なイメージを無責任に流布しているものもある。しかも、これらの歪められた
情報の渦のなかで、「これらに対抗するだけの質と量を備えた『性』教育の機会
が家庭や学校に備えられている」とは言いがたい状況である。だからこそ、よ
り一層、効果的で理解の定着率の高いアクティブ・ラーニングの実施が、この
教育領域においても求められているといえる。

　このようなアクティブ・ラーニングの討議のなかで、男子生徒に対しては「彼
女が妊娠したらどうするか」との質問が、女子生徒に対しては「付き合ってい
る男の子から『させて』と迫られたら、どうする」といった質問などが出された
りもする。このような質疑討論のなかで、ある年度の複数のクラスでは、人か
ら聞いた話として「男の子が街で女の子をナンパしてホテルにいったが、寝て
いる間に相手の女性がいなくなり、『エイズの世界へようこそ』というメモ書
きがあった」などという「都市伝説」のような発言が出されたこともあった。

　そういった意見や情報交換のなかで、高校生たちは、前述の質問に対して、

男子は「結婚もできないような時に好きな相手を妊娠させるようなことはしない」と答えたり（こういう答えに対しては、往々にして「では、どういう条件になったら結婚できると自分は思っているのか？」などのさらに突っ込んだ質問が来ることになる）、女子の場合「愛しているからセックスするというのは、おかしいと思う。『愛しているから…』とか言われたら、『愛しているなら、今はがまんして』と言いたい」、「相手に避妊してくれるように言えないような関係のときに、そんなことはしない方がよい」、「女性は、もっと強くなって、イヤなことはイヤといえるようにしなくてはならない。中絶とかして傷つくのは女の方だから」という答えが生まれていった。また、報告学習後の感想には「私は結婚するまでそういうことはしないつもりです。（彼氏ができてみないとわからないけど）古風と言われるかもしれないけど、今日の報告を聞いて、それでいいんだと思った」など、様々な反応が返ってくる。

　その他にも、報告と討議の後で提出される記録用紙の意見感想欄に、友達の妊娠・中絶の身近な具体例や、自分自身の悩みが書かれていたりもした。そのような場合でも、すでに自分なりの答えを出している場合が多く、改めてアドバイスや助けを求めるというよりは、自分自身の考えや行動について「それでよかったのだ」と自分自身を納得させるために書かれたものが多いと感じられたが、ごく少数ながら、これらの問題に関連して、深刻な悩みを抱えているケースも存在することは確かである。そのような場合に、ケースによっては教科内の他教員と意見交換しながら対応した事例、女子生徒からの相談により担任や養護教諭と連携して指導に当たった事例、さらに他校生や保護者にも連絡の上で対応を協議した事例もあった。いずれの事例も、この授業を契機として、比較的はやく事情が教職員の側に伝わったことで、早期の対応が可能となり、取り返しのつかない事態を回避でき、学校の側からの支援が行えたという意味では、個々の生徒に対する生徒指導上の側面からみても、非常に大きな意味があったといえる。

　もちろん、討議等のなかでは、教師に対しても質問が出される場合がある。プライバシーに関わるような興味本位の質問についてはその不適切さを指摘しなければならないこともあるが、多くの場合、私自身の答えとしては「自分がどのように人と付き合ってきたか」を伝えるのが、せいぜいであったように感

110

図表 7-6　健康と医療に関する報告資料

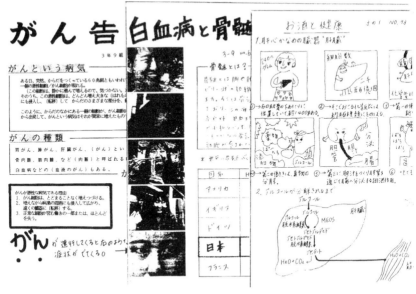

図表 7-7　高齢化社会と福祉に関する報告資料

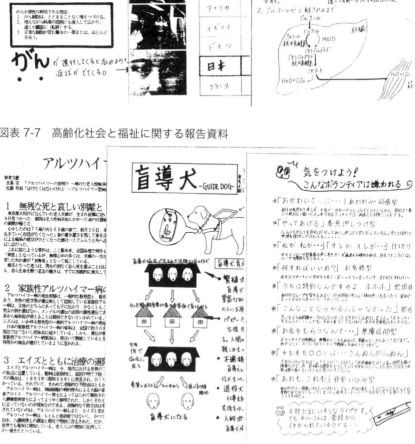

じる。他方で真摯な問いについては、「たてまえ」で答えたり、いわゆる「煙にまく」のではなくこちらも誠実に答えていきたいと考えてきた。

　「生と性」の問題に限らず、そういう「悩みの相談」に、どう対応するべきかという問題は、教科指導を超えた課題となる。そういう意味は、「生と性」の授業を通じて、教える側の教師こそ、自己の「生と性」を見つめ直す非常によい機会を得るのかもしれない。

　いずれにしても「正しい愛のかたち」とか「良い人生」の客観的な基準はなく、各個人と個人が納得のいく生き方を選ぶしか方法はない。ただ言えることは、このような問題について高校生同士が意見交換するアクティブ・ラーニングという学習方法は、「モラル」や「倫理」などを大人の立場から一方的に伝えるよりも生徒の内面に踏み込んだ働きかけができる可能性が比較的高いということである。このような幅広い情報と他者の考え方を、対等な関係性のなかで相互に交流することで、より望ましい自己決定の能力と他者理解の能力が育つように思われる。

第5節　人権保障の実現とアクティブ・ラーニング

　性的自己決定との関係では、それを根本的に否定する行為が「セクシャル・ハラスメント」や「性暴力」である。これらに関するテーマを選択した生徒は、女子生徒が多かった。ここでのアクティブ・ラーニングの内容は、主として被害の実態を知り、実際的な対策を考えるものとなった。

　たとえば、企業内でのセクハラについては「会社の対応が不誠実な場合、公的相談機関や弁護士に相談したり、被害者の会などの団体に問い合わせる」、一人暮らしの女性の帰宅時を狙った性犯罪に対する自己防衛として「家に近づいたら鍵を用意する（入るのに手間取らないため）」、脅されたら「あわてない。逃げられない場合『助けて』でなく、『火事だ』と叫び人を呼ぶ」など具体的で有用な指摘が数多くみられた。もっとも、単にそれは、対応のノウハウと言うよりも、「そのような人権侵害行為に対してどのような視点で対応すべきか」ということが報告と討議の核心とならなくてはならない。

　「セクハラや痴漢行為に泣き寝入りすると、ますます被害が拡大するので、

適切な対処をとる」といったレポートは、その一例といえるであろう。

　本章の冒頭でもふれたように、人権教育の目的は、抽象的概念の理解にとどまるものではない。自他の権利の内実を具体的に理解し、適正に権利行使できる実践力を育てることにある。

　本章で取り上げた、生徒たちによる報告と討議を中心としたアクティブ・ラーニングは、「人権とは何か」の理解にとどまらず、「学んだことをどのように生かすか」というテーマに生徒自身が取組、学びあえた点に教育的意義があったといえよう。このようなアクティブ・ラーニングに関わった生徒たちの将来を考えたとき、少なくとも、講義形式による受動的教育方法に比して、「人権尊重、国際平和、民主主義、多文化共生という日本国憲法の根本原理を自らの『生』に生かしうる可能性」や「自らが具体的課題に直面したとき、その成果を生かした行動をとろうとするモチベーション」に関しては、生徒たちの学習時の様子や感想・記録文の内容から考えても、それらの可能性やモチベーションが向上したと考えてよい。

第6節　アクティブ・ラーニングと授業づくり

　実際的には、アクティブ・ラーニングの実践は、すでに広く実践されているといってよい。例えば、小学校では、班活動が学習面で日々取り入れられているし、給食や掃除の場面では、中学校や高校でも、グループ活動を多くの学校が取り入れている。そうであるからこそ、現在、各学校の授業のなかで行われている教育活動に、さらにもう一歩、アクティブ・ラーニングの手法を生かし、さらに授業の進化と深化を目指すことが、今求められているのではないかと思う。

　そして、「授業づくり」を考える時に、児童・生徒の「集団」がもつ「力」を、どのように生かすかを考えることが重要である。

　その一つは、子どもの主体的な学習活動への意欲の表れを見つけたとき、それを「高く評価する」ことである。例えば、仮に何か失敗をした部分があるとしても「それを責めずに、そのチャレンジ精神を認める」ということである。

　また、教師が何かを伝えようとするとき、報告や討議の際の児童・生徒の発言をできるだけ「子どもたちの生の声を引き合いに出し」て、語ることも大切

である。

　それは、児童・生徒の声を、教師の側が「しっかりと受け止めている」というメッセージでもあり、かつ、それを聞いている児童・生徒にとっては、「理解しやすい表現」となっていることが多いからである。

　本章では、「生と死」や「性」をテーマとした授業実践を主に取り上げたが、そのなかにも、そのような視点からの、声かけの例が見られると思う。

　ここで紹介したアクティブ・ラーニングは、憲法教育、人権教育という意味では、直截に道徳教育や総合的な学習にも転化しうる内容をもっているが、それにとどまるものでないであろう。

　それぞれの学校や地域、そして子どもたちの実情に合わせた、アクティブ・ラーニングが、まずは、授業実践のなかで、さらに積極的に取り組まれることを期待したい。

〈問題演習２〉採用試験出題例からみた「授業づくり」

設問（1）良い授業と悪い授業の違いは何か。自分はどのような授業を行いたいか。（北海道 / 札幌市、２次）

設問（2）良い授業とはどのような授業か。またそのためにどのようにするのか。（兵庫県、２次）

設問（3）「単元指導計画」(B4 判 1 枚)を作成し、原本 1 枚とコピー 7 枚を用意する。それが試験官（3 人）と受験者（5 人）に配布された状況で、自分が「児童の興味関心を高めるための工夫」を中心テーマとして、1 人 2 分のプレゼンを行ない（5 人合計約 10 分）、その後 20 分間討論する。（東京都、小、２次）

〈解説〉

　「良い授業とは」の「答え」は様々であるが、その答えにその人の教育観が表れる。だからこそ、同種の質問が採用試験でも繰り返されるのである。本書で取り上げたアクティブ・ラーニングとは、児童生徒が主体的、意欲的に学ぶことができる仕掛け（授業計画）である。第４章は、生徒の関心にそったテーマ設定と教材選択に加え、フィードバック・システムを活用した実践例である。

114

第5章は、プレゼン形式の生徒相互の学び合いが、社会問題への関心と理解の深化をもたらした実践である。第6章の実践例では、新聞等のメディアとのコラボレーションが学習意欲の喚起につながっている。第7章では、それらのアクティブ・ラーニングが子どもたちの生きる権利や学ぶ権利の尊重を基盤とし、それが子どもたちの発達と自己実現にリンクしていることを論じた。「楽しく、分かる」授業計画と実践をつくりあげるため、これらの観点と具体例が生かされることを期待したい。

第8章　学校図書館との連携
―「平和」を考える教育の実践

第1節　教育方法論における連携と協働

　学校教育における授業実践の基礎は「学校」そのものである。優れた「学校づくり」の実践があってこそ、優れた授業実践ができ、積極的な教育方法の導入が可能となる。

　前章までに紹介したアクティブ・ラーニングの授業実践が、新任教員時代の私にも実践可能であったのは、そもそも学校内に「教育実践にアクティブな文化的基盤」があったからである。私の初任校には、先進的な教育実践に意欲的な教職員も多く、そのようなアクティブな教育実践を支援する学校運営と研修の体制があったということである。

　そして、アクティブ・ラーニングをはじめ、教育活動全般に、教職員のチームワーク力が発揮され、教育目標や指導計画の共通理解と協働実践が実現していた。

　その意味で、「優れた教育実践」が生まれるためには、「優れた学校づくり」が重要である。

　「学校づくり」にとってキーとなる要素の一つは、教職員相互の連携の成否である。教育実践は、まさに日々の教職員の「協働作業」にほかならない。

　たとえば、中学校や高校では、教科担当の教師が、授業をするクラスで、教員の指導計画に基づいて授業実践ができるのは、その学級の担任によるクラス運営や学年担当教師集団の指導の成果であるともいえる。また、逆に、自分が学級担任の立場であれば、教科担当教員の努力があってこそ、クラスの生徒指導と学力伸長が図られる。

　また、授業の内容は、同じ教科担当の教師間の連携や情報交換はもちろんのこと、他の教科教員との学習の連携も不可欠である。

　そして、生徒たちが主体的に学ぶための情報源として、学校図書館は、校内でもっとも総合的かつ知的情報のセンター機能をもっている。その存在は、学校教育上、まさに不可欠である。それは、「器」としての物的資源というだけではない。むしろ、教師と学校司書との連携は、生徒が「調べ」、「考える」アクティブ・ラーニングの成否の鍵を握っているといっても過言ではない。

　さらにまた、教材購入や環境整備に学校事務職員の協力は欠かせないし、近隣諸学校、公共図書館、資料館、博物館をはじめとする教育施設、役所、消費者センター、福祉・医療機関などとの連携も、フィールドワークなど、まさに「アクティブ」な教育実践には欠かせない社会的リソースである。

　そもそも教育は、人々の連携と協働なしに成立しない。生徒にとって実りある学習環境が整い、よりよい授業が行われるということは、教職員間の連携がうまく機能し、その学校の教職員が相互に協力して実践に取り組んでいるということでもある。

　本章で取り上げる授業実践は、私が高校教員として、はじめて取り組んだ「平和教育」の実践例である。これは、国際社会が米ソ冷戦の下にあった1980年代に、まだ駆け出しの教師であった私が、先輩教師に支えられながら行った取組でもある。この実践が比較的順調に進行し、一定の成果を得られたのは、まさに、当時の勤務校の教師集団の教育実践力によるものである。

　けれども、この授業実践は、決して完全なものではなく、不備不足の点もある。それでも、この実践は「生徒自身による主体的な学習方法とは何か」を私自身が模索する出発点という意味で、本書で取り上げる一連の教育実践の基礎となる事例といってよい。

　ここでは、当時の教育状況も振り返りつつ、学校図書館と教科教育の連携という面に重点をおいて、高校社会科（現在の公民科と地歴科）における平和教育の取組を紹介したい。

第2節　高校における「平和教育」の意味

　当時の教育基本法第1条は、教育の目的として、「平和な国家及び社会の形成者」たる「自主的精神に充ちた心身ともに健康な国民の育成」を掲げ、さらに、

これをうけて、高等学校学習指導要領は、社会科の目標を「民主的、平和的な国家・社会の有為な形成者として必要な公民的資質を養う」と告示していた。これらの教育目標の正当性は、われわれが多大な犠牲を払って得た歴史的教訓にてらしても、今日においても自明の原理であるといえる。そして、ここで言う「平和」とは、「戦争がない」という意味の狭義の「平和」ではなく、「物心両面で、おだやかな暮らしが保たれている」という広義の「平和」を意味すると考えるべきであろう[1]。大量の飢死者が出たり、文教・福祉・医療等が不十分でありながら軍拡に血道をあげている国家は、たとえ他国との戦闘状態がなくとも、「平和」な国とは呼べないからである。

　これから紹介する教育実践が行われた1980年代も、世界各地でテロが頻発していた。そして、残念なことに、21世紀の今日も、東日本大震災に端を発した原発事故やロシアによるウクライナ侵攻など、われわれがおかれている状況は、まさに危機的である。その意味では、日本が戦争状態にはないからといって、国民生活が安定し、真に「平和」であるとは言えない。それゆえにこそ、「平和への教育」は、常に求められて続けている。

　それでは「平和への教育」とは何か。

　本章で取り上げる授業実践は、公立普通科高校の3年生（9クラス約400名）の第3学期における「政治・経済」の授業（1クラスあたり3時間分）であった。この授業の主たる目的は「平和形成者」として主体的に思索し、行動できる学力を、卒業間近の高校生たちに根づかせることにある。

　当時の私の授業は、全般的には、1、2学期を通じて、講義形式の授業と筆記式の定期テストを行う極めて一般的な授業スタイルであった。

　思考の前提となる知識を体系的に伝授するには、この講義法は優れているが、学習する側が受動的な学習姿勢になりがちであるというマイナス面もあり、その自覚の下、3学期の卒業前の授業は、その弱点を補う意味で、その授業の中心目標を「生徒自身が自ら国際平和について考えること」とした。

　それは、後期中等教育の総括として「政治的無関心や無知」を克服する狙いもあった。それが、どの程度達成されたかは、本実践の検討課題であるが、それとともに、このような学習のなかから見えてきた、高校生の「平和」や「政治」に対する認識状況の問題についても、ここで明らかにしていきたい。なぜなら、

118

その状況にこそ問題があり、それゆえにこそ、私自身が「生徒たちが主体的に学ぶ力を育てたい」と強く考えるようになったからである。

第3節　公民科「政治・経済」における平和学習の位置づけ

　政治・経済の学習内容を、学習指導要領にしたがって3つに区別すれば、(1)日本国憲法と民主政治、(2)日本の経済と国民福祉、(3)国際社会と日本、となる。この第三の国際分野の学習は、全体として「平和をめざす学習」[2] と位置づけられねばならない学習単元である。

　そもそも、高校教育課程の必須科目である公民科の「政治・経済」あるいは「現代社会」において、平和学習は、人権思想、民主主義と並ぶ基本的学習課題である。公民科の指導内容としては、「戦争と平和についての学習」ないしは「とりたてての平和学習」と呼ばれる、直接的に平和と関わった授業が展開されることが求められている領域でもある。

　そのように考えれば、ここで紹介する高校3学期における「政治・経済」の授業実践は、少なくとも「政治・経済」の1年間の総決算の意味をもつとともに、公民科教育のなかの「平和」を学ぶ核心部分ということになる。

　この時の年間学習計画は、学習指導要領と教科書の編成にしたがって、1学期に政治、2学期に経済、3学期に国際関係を学習領域として設定していた。そのため小論文作成を中心とした3学期のテーマ学習は、単に「国際社会と日本」の学習内容についての小論文・レポートの作成ではなく、1、2学期の学習内容をもふまえた上で、「国際平和と人類の福祉をどのように達成していくか」を主体的に考えることを学習課題と設定した。

　生徒たちにとっては、「平和」を考えたのは、おそらくこれが最初ではなく、小・中学校以来、様々の学習体験をもっていると考えてよい。その意味では、生徒の小・中学校における学習をも基礎として、高校卒業前に、平和について自分なりの考えをまとめることになる。

　この授業では、生徒各自が設定したテーマで小論文をまとめることにしたが、その選択されたテーマは、多種多様であった。その大きな傾向をつかむためにまとめたのが、図表8-1である。

図表8-1　小論文におけるテーマ設定の傾向

テーマ	人数	構成比（％）
核兵器（核軍縮、原爆被爆を含む）	156	38.9
15年戦争（空襲体験、朝鮮人強制連行を含む）	57	14.2
自衛隊（日米安保条約を含む）	49	12.2
ファシズム、ナチズム	9	2.2
中東・パレスチナ問題	9	2.2
大韓航空機事件	8	2.0
ベトナム戦争	4	1.0
北方領土	4	1.0
国際連合	3	0.7
食糧危機	3	0.7
総合	76	19.0
その他	23	5.7

　単に表題を分類するにとどまらず、小論文の内容をも検討した上で、内容の大半が、どのような領域について述べられているかを基準に、図表8-1中に挙げた12項目に分類した。分類項目のうち、「総合」とあるのは、複数の事項について（とりたてて1つの項目について取り上げるのではなく）ほぼ同様のウエイトを置きつつ論じたものである。この「総合」に含まれた論文が扱っている内容は、やはり、図表8-1にみられる全体的傾向と同様に、「核」、「15年戦争」を含むものが圧倒的に多数であった。また、「核」を論じたものは、現代の核軍拡と広島・長崎の被爆体験を結びつけて論じているものが多かったのも一つの特徴である。そこで、原爆被爆については、「15年戦争」の項目には入れず別の項目として作表した。

　図表8-1にみられるテーマ選定の傾向について、最も大きな特徴は、高校生の「核」に対する関心の高さである。一言で言えば、核の脅威についての認識は、冷戦下の日本の高校生のなかに広く存在していたことがわかる。とくにアメリカとソビエト連邦を中心とする核軍拡に脅威を感じていたのである。

　そのような点を考慮すると、平和学習の意義とは、「戦争と平和、反核・軍縮」を学ぶだけではない。「核」への関心の高さを糸口に、平和学習が広く社会問題全般への深い洞察を引き出す契機にもなり得る。言いかえれば、平和学習は、社会状況への関心を深め、主権者となっていくための重要かつ適切な「入

口」となる可能性を有しているという事実をここで指摘しておきたい。

　そのことは、2011 年の東日本大震災後の福島原発事故に関する問題も、「核兵器」、「食の安全」、「エネルギー問題」、「ゴミと資源のリサイクル」、「国際協力」、「国際法」など、まさに「政治・経済」に関わる広範なテーマに思いを馳せるきっかけになるであろう。

　そのような意義を考えると、ここに紹介する取組は、高校３年生の３学期に行われたものではあるが、１年次履修科目の公民科「現代社会」において、この問題を取り上げることは可能である。事実、私自身も、学習指導要領改編による教育課程変更後は、主に１年次の「現代社会」で、平和学習を展開した。いわば本章の授業実践による図書館との連携が、本書第６章で述べたアクティブ・ラーニングの基盤となったのである。

第４節　授業展開の概要

　授業展開の流れの概略を図表8-2 に示したが、それをみれば、この平和学習の構成が大きく３つに区分されていることが理解されよう。

　第１段階は、平和学習への導入である。授業の形態そのものが、視聴覚教室と図書館を利用し、小論文や補助資料（レポート）の作成をともなうため、普通教室での講義式の授業に慣れている生徒に対して「何をどうするのか」という学習方法を示す必要がある。そして、最も重要なことは、「なぜ、平和を学ぶのか？」「なぜ、

図表8-2　授業構造の展開

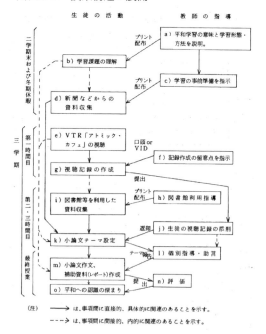

（注）　──→　は、事項間に直接的、具体的に関連のあることを示す。

　　　---→　は、事項間に間接的、内的に関連のあることを示す。

平和について考えねばならないのか」を、生徒に十分に認識させなければならない。

　次の第2段階は、主体的に戦争・平和について学習し、「平和な社会をつくるためには、どうすればよいか？」を、科学的に考える力を養う段階である。この取組には、図書館司書をはじめ、多くの方々からの協力を得た。そして、生徒の立場からは、図書資料の活用を中心に、自分が必要とする資料を探し、客観的資料にもとづいて、自分の考えをまとめていく学習過程と位置づけられる。

　最後の第3段階は、生徒が小論文を作成し、さらに生徒の考えを深めていく段階である。すなわち、今回の平和学習を契機に、生徒自身が、将来の平和形成者として意識を確立する段階と言える。

　この3つの学習段階について、順次、述べていきたい。

（第1時間目）平和学習へのモチベーションを高める
平和を考える視点

　平和学習への最初の導入は、「政治・経済」の教科書とプリント教材を用いた。

　教科書の利用としては、3学期の学習分野が、教科書第3編「国際関係と国際政治」であることを示し、「国際平和を達成するにはどうすればいいのか？」「日本の国際的役割は何か？」を考えていくことが、この分野の学習目標であることを確認した。

　生徒にとっては、今から学ぶ内容が、「年間学習計画の中で、どのような位置にあるのか」を知ることは、知識の体系的理解という点でも重要である。

　プリント教材としては、図表8-3「なぜ平和主義か―歴史から何を学ぶのか―（国際関係資料 No.1）」「なぜ軍拡か―その現状を知る―（国際関係資料 No.2）」の2種類を用意した。

　「なぜ平和主義か（国際関係資料 No.1）」は、「戦争体験という歴史的教訓をどのように現代に生かすのか」という問題提起のために編集した。

　その内容は、①沖縄戦―強いられた"集団自決"[3]、②有事立法の危険性[4]、③中沢啓治「はだしのゲン」抜粋である。

　「なぜ軍拡か（国際関係資料No. 2）」は、現代の核兵器を中心とする軍拡の現状、その軍拡の要因となっている国際紛争や、軍と独占資本の癒着について考える素材を提供するために編集した。

　内容は、④米ソ戦略核戦力の推移[5]、⑤西ドイツ（1990年のドイツ統一前のドイツ連邦共和国）の核兵器[6]、⑥軍拡を必要とする体質－産軍複合体制－[7]、⑦現在の紛争発生地域[8]である。上記の資料①〜⑦の選択については、平和への関心を高めることに主眼をおき、出来るだけ理解が容易なものを提示するよう努めた。

　実際には、高校1年生を対象とする「現代社会」の資料集から多くの示唆を得た。内容的にやや高度な内容を取り上げているが、①生徒の理解が得られやすく、②生徒の視野が広がり、③知的刺激を与えることができ、かつ④コンパクトな資料プリントの編集を心がけた。

　ここでの学習目標は、平和を考えていく際の基本的な見方、考え方を理解させる点にある。それぞれの資料の具体的な、指導上の留意点は次のとおりである。

（1）沖縄戦と有事立法（図表8-3 ①②）

　1980年代から今日まで、日本では、「侵略があった場合、現在の法制度の下では有効な防衛処置がとれない」として、有事関連立法が次々と整備されている。この有事立法については、「現代社会」や「政治・経済」の検定教科書にも一定の記載がある。そして、その問題点、たとえば「土地の強制使用が、自衛隊の判断ですみやかに可能となるなど、多くの権限が防衛庁、自衛隊に付与されること」等を端的に記述する教科書や副教材も少なくない。

　そこで、「このような立法に問題があるのか、どうか」を考えるために、この有事立法と沖縄戦の教訓を関連付けた資料を作成した。

　太平洋戦争下の沖縄本島・離島では、米軍上陸にともなう戦闘の激化で、住民の避難壕に友軍が入り込み、「赤ん坊の泣き声で、敵が来るので殺せ」と命じたこと。さらに避難所・食糧不足から、一度に300人以上の住民に集団自決を命じたことが、住民によって証言されている。「土地などの優先使用、強制徴用を自衛隊の判断で行うことができる」とする有事体制の検討に、日本で唯一の地上戦闘の場となった沖縄住民の体験を生かすことが必要ではないか[9]。

図表 8-3　国際関係資料プリント

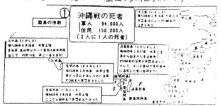

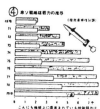

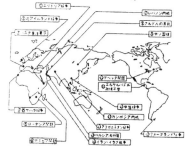

124

莫大な犠牲を払って得た教訓を、われわれは今日忘れ去ろうとしているのではないか。それが、この資料からの問題提起といえる。

　このように、中国侵略、朝鮮人強制連行など、「生徒の」というよりも、今や日本国民一般の記憶から忘れ去られようとしている事実（沖縄の住民虐殺等もその一つかもしれない）を掘りおこし、歴史的事実から、平和を考えることの必要性を訴えかけた。

（2）広島・長崎の被爆―劇画「はだしのゲン」を通して（図表 8-3 ③）

　利用したカットは、ゲンの父親が広島の原爆で倒壊した家の下敷きとなりながら、ゲンにむかって、「早く、かあさんをつれてにげろ」と叫んでいる３コマ、および長崎被爆の場面３コマの２つである。劇画利用の最大の目的は、「活字ばなれ」といわれる今日の高校生にも、関心をもたせ資料に引き込むことにある。劇画自体にも、「いつの世でも、ひとにぎりの権力者のために、戦争で死んでいくのは名もない国民だ……!」との問題提起は示されているが、それだけでなく、この資料を糸口として、他の資料へと関心を広げていくことに重点をおいた。

　また、核兵器の問題については、1954 年のビキニ環礁水爆実験による第五福龍丸被爆も含めて、日本が被爆国であり、被爆者は今日もなお、われわれの周りで苦しみつづけているという現実を理解させるよう努めた[10]。そして、被爆ではないにせよ、生徒自身の親・親戚など身近な人の戦争体験を、この冬期休暇を活用して、聞き取りを行うことも課題とした。このようなかたちで、平和・戦争の問題を、自分たちの身近な問題として実感できるようにプログラムを考えたのであるが、実際に、戦争体験者の話を素材に小論文・レポートをまとめた者も多くみられ、身近な人から直接体験の聞き取りを行うことの重要性、ひいては地域の歴史を掘り起こしていくことの意義を痛感したことも、ここで記しておきたい。

（3）核抑止論と日本（図表 8-3 ④、⑤）

　次に、現代の核軍拡の現状を正確に理解させることを目的に資料を選定した。特に、1980 年代において、すでに世界の国が保有する核兵器の総量は、地球

上の全住民を15回殺してなお余りあるほどまで達しているという、想像を絶するような軍拡状況を印象づけた。また、そのような米ソを対抗軸とする東西対立の最前線となっていた西ドイツの核配備状況を示し、わが国の非核三原則が崩れれば、日本も同様に核基地化されていく可能性なども説明し、非核三原則の意義についても言及した。

　そして、「このような被爆経験、非核三原則、そして平和憲法を通して、日本国民が、積極的に国際平和の世論形成に寄与していかなくてはならないのではないか」という点を指摘した。

（4）産軍複合体制（図表 8-3 ⑥）

　軍拡の仕組みは、政治のみならず経済の面からも分析される必要がある。その一例として、このテーマを取り上げた。無論、政治と経済が密接な相互関連性を有していることの確認も、このテーマを取り上げた理由である。この資料に限らず、産軍複合体制を取り上げている各種の資料集の内容としては、そのいずれもが、アメリカにおけるロッキード社、ボーイング社、マクドネル・ダグラス社など米国の軍事関連の大企業グループに関するものである。そこで、日本に関する解説としては、田中角栄元首相らが逮捕されたロッキード疑獄事件等を引き合いに出し、産軍複合体による政治・経済への関与が、わが国とも深く関わりのある点を指摘した。

（5）現在の紛争発生地域（図表 8-3 ⑦）

　イラン・イラク戦争、フォークランド紛争、カンボジア内戦、レバノン内戦、ケベック問題などの紛争地域を、ミラー図法の世界白地図に示し、紛争内容を20字程度でごく簡単に記し、「そうした問題を生む政治的、経済的、社会的な土壌と、一つの地域紛争が他の地域紛争にどう関連しているかをさぐることが重要である。」との解説をつけた。

　大韓航空機事件、ビルマ・アウンサン廟爆破事件、グレナダ侵攻なども付け加えて、これらの事件に焦点を合わせて小論文・レポートを書く際には、われわれとどう関係しているのか、背景となっている国際的な動きはどうなっているのかをよく考えるようにアドバイスした。

　これらの学習事項は、多岐にわたるとともに、高校生の学習内容としては、一定の基礎知識を必要とするもので、やや解説の時間が不足気味であったかもしれない。資料プリント自体は、読むだけでも問題提起としては十分利用できるものであったが、内容が盛り沢山で「聞き流し」で終わった生徒も少なくないのではと考えられる。その意味では、このような講義形式の授業のみでは、後々、主旨が十分に伝わりきっておらず、記憶に定着しない場合も少なくない。だからこそ、後述の視聴覚教材の利用と小論文の作成によって、講義型の解説・問題提起の不十分さを補う必要がある。

（第２時間目）視聴覚教材「アトミック・カフェ」の活用

　平和学習への意欲を高めるために、前述のようなプリントを利用した学習の後に「アトミック・カフェ」（NHK・海外ドキュメンタリー〔45分〕）というVTRを視聴し、その後、生徒に印象に残った場面と感想を視聴覚記録として提出させた。

　視聴覚教材の利用は、核軍拡、冷戦等々の現代史を、時代状況とともに理解し、イメージさせるのにより有効だと考えられる。また生徒自身の視聴覚記録を、生徒たちにフィードバックし[11]、さらに思考を深めることを企図した。

（１）ドキュメンタリー映画「アトミック・カフェ」

　「アトミック・カフェ」は、アメリカの反核グループが作った映画で、ここで利用したものはその短縮版である。そもそもは、アメリカ陸軍および民間防衛局などが、1960年代に、「原爆は平和のために」、「原爆は怖くない」という宣伝のために作ったフィルムを、再編集して逆説的な反核映画として製作したものである[12]。短縮版を利用したのは、授業時間内にVTRを見終えるためであるが、生徒の感想を見る限り、短縮版であっても十分に製作者の意図は伝わっていたと思われる。

　映画視聴後に生徒が記す「視聴覚記録感想用紙」は、「①印象に残った事項、場面等の記録」と「②感想」の２項目について、①については記述、②については論述で記入する書式とした。

図表 8-4　映画「アトミック・カフェ」を視聴して印象に残った場面

			度数	対人員 (258名) 比 (%)
a.	広島原爆投下		9	3.5
b.	ポールディベット (原爆下指揮官の会見)　※1		9	3.5
c.	長崎原爆投下		7	2.7
d.	ビーハン大尉 (長崎原爆投下飛行兵) のインタビュー　※2		15	5.8
e.	長崎被爆者 (ケロイド症状の 3 人の患者)		8	3.1
f.	トルーマン大統領の原爆による勝利の宣言		5	1.9
g.	対戦勝利に大喜びのアメリカ大衆		14	5.4
h.	ビキニ原爆実験		50	19.4
	i.	島民の無垢な笑顔	(7) ※6	(2.7)
	j.	米軍による島民退却の説得・説明　※3	(7) ※6	(2.7)
k.	朝鮮戦争での原爆使用論 (ジェームズ=リー=バンザント上院議員)		5	1.9
l.	水爆製造賛成論 (アメリカの一般人の意見)		25	9.7
m.	ビキニ水爆実験		35	13.6
	n.	ミクロネシア島民、第五福竜丸などの被爆	(7) ※6	(2.7)
ネバダ核実験	o.	ブタによる実験	40	15.5
	p.	原爆演習に参加する兵士への上官の説明	6	2.3
	q.	原爆演習に参加した兵士の被爆	10	3.9
r.	「ピカッとくれば、さっと隠れる」という核爆弾避難訓練		48	18.6
s.	核シェルター (一般家庭用)		11	4.3
t.	核攻撃をうける想定ドキュメント		37	14.3
全般　※4	u.	核爆発・キノコ雲	50	19.4
	v.	被爆者	14	5.4
	w.	政府、軍の核に関する宣伝	8	3.1
	x.	米国民の核についての無知さ、楽観性	6	2.3
	y.	原爆・水爆を歌った流行歌　※5	5	1.9
z. その他 (度数 4 以下のもの)			31 (人)	12.0

注　※1　「原爆投下の目的には、その威力をためすということもあった」など、原爆投
　　　　下の舞台裏について語ったもの。
　　※2　「原爆投下は、最高のスリルだった」と得意気に語った。
　　※3　米軍幹部が集まった住民に「世界の平和のため原爆実験を行う」と説明。住民
　　　　もその場でそれに応じた。
　　※4　特定の場面ではなく、同様の事柄を一括して表現していたもの。
　　※5　朝鮮への原爆使用肯定派の歌など原爆、水爆を歌ったロック、フォークソング
　　　　など 4 曲が字幕つきで、BGM として用いられた。
　　※6　（　）つきの数は、その項目の度数が、その上の 50 及び 35 という度数に含ま
　　　　れた内数であることを示す。

（２）高校生は、反核映画をどのように見たか

　図表 8-4 は、生徒の印象に残ったと記した事項を、a ～ z の 26 項目に分類し、度数を示したものである。百分率は、258 名のうち何％の者が、その項目を挙げたかを示している。なお、a ～ t の項目の順序は、その場面の登場した順であり、この順序にしたがって、特徴的な傾向をみてみると、次のような点に気がつく。

　まず、a ～ e については、日本の被爆に関するもので、重複はあるとしても、延べ人数で 48 名が広島・長崎の被爆について関心を示している。その感じ方は、原爆飛行兵へのインタビューへの感想として、

　「原爆をおとしておいて、投下が『最高のスリルだったネ』とよく言えたものだ。原爆投下された側のことを考えれば、こんなことは言えないはず」(男子)という受けとめ方をしている点が特徴的だった。すなわち、被害者の側からの視点に立った記述と言える。これと類似の傾向を示すものとしては、「f. 大統領の勝利宣言」、および「g. 歓喜のアメリカ大衆」への否定的な受けとめ方である。トルーマン大統領が、「神が、原爆をわれわれの側に与えてくださったことに感謝する」と述べたことなどについては、

　「核兵器を神から与えられて、感謝するなどと言っていたが、核の恐ろしさを本当に知っていたのだろうか」(女子)

　「日本降伏を、カーニバルのように喜んでいた。みていて何か腹がたった」(男子)というように憤りのような感情がみられる。

　これらの傾向は、一方では、被爆ないし敗戦体験をテコとした積極的な平和達成への意欲につなげることが可能である半面、他方では、わが国の敗戦要因を軍事力の低さ、資源の乏しさに帰して加害者としての日本の帝国主義支配を見逃してしまう恐れももっている。この点については、さらに指導の必要性が感じられたので、感想への評釈としてコメントを付して感想文を返却した。

　原水爆実験は、この映画でトリニティ(世界最初の核実験(1945 年 7 月))を含めて、四つの実験が映し出された。トリニティ・テストは、この映画の最初のシーンで、これが印象に残ったとしたのは、わずか 1 名のみであった。それに対して、h および、m の「ビキニ原水爆実験」に非常に高い関心が集まっていた。ビキニ原爆実験の記録フィルムは、実験前の島民の生活風景、特に少

女・少年らの笑顔とニュースレポーターが「原爆実験が、これからビキニの人たちの生活をどのように変えるのか、住民自身も知りませんし、私にもわかりませんが、彼らはアメリカのもたらした生活の変化を喜んで受け入れようとしています」というナレーションで始まり、住民が「You're mySunshine」を米兵たちに歌いながら島を離れていく姿のあと、原爆実験の緊迫した実況中継で終わる。そして、住民が、一度は、島に戻ったものの、結局、残留放射能のため再びビキニを離れざるを得なかったことがテロップで流された。

「島をうばわれたビキニ島の住民は、これからどこで生きていくのだろう」（女子）

「アメリカ軍は、島民退却の説得のとき、『これから行う原爆実験は、世界の平和のためのものだ』と言っていたが、原爆を持ったり、使ったりすることが平和につながるのだろうか。もしそうなら、もう平和であるに違いない。しかし、核爆弾の恐怖は存在している。はたしてそれが、平和なのだろうか」（男子）

これがビキニ水爆実験についての生徒の代表的な感想であった。

さらに水爆実験では、日本人を含む被害者が多数いる。しかも、その被害状況の映像とは裏腹に、水爆実験の1ヶ月後、ビキニを訪れた原子力委員会委員長によって、「実験地周辺に健康被害はなく元気である」との報道ニュースが流された。

こうして生徒たちは、映像と音声の矛盾に直面することになるが、それに対して、生徒は次のような感想を記している。

「アメリカは、核の恐ろしさを知っていながら、今も核をもつべきだと考えている。しかも放射能等の恐ろしさを国民にはっきりと伝えることもせずに」（女子）。

「何を信じていいのかわからなくなりそうだ。自分たちが、本当にしっかり事実を見きわめていかないと大変だ」（男子）。

このように、従来の政府やマスコミに対する認識を根底から覆すような意識の変化が生じた者も見受けられた。ここで指摘しておかなくてはならないことは、視覚的な事実を提示することが、いかに多くの言葉にも増して、説得力のある場合があるということである。

また水爆製造について、アメリカの一般国民の多くが「水爆賛成」の意見を

もっていたことに、生徒たちは、意外さを感じたようである。そのことが、アメリカ国民は核について無知であり、楽観的であるという認識につながっていたようでもある。この点については、「映像史料が 1950 〜 1960 年代のものであり、現代の日米の国民の意識も大きく変化しつつあること」を具体的に示していく必要があるように思われた。

　この問題意識が、第 5 章で紹介した外国人留学生（研修生）との国際平和を討議する教科横断型の共同授業に取り組むきっかけとなったのである。

　そして、その高校生たちの国際的ディスカッション授業によって、日本国民とアメリカ等の国民は、決して敵味方の関係ではなく、ともに平和を目指す仲間であることの意識を醸成していった。外国の人々との歴史認識の共有は、国際平和を確立する上で非常に重要な要素であるといえよう。その意味でも、現代史に関する国際理解教育は、重要な教育上の課題といえる。

（3）生命の尊厳と核兵器

　「アトミック・カフェ」では、ネバダ州での 100 回をこえる核実験のうち、ブタによる核の生物的・医学的影響実験と原爆を用いた米兵の戦闘訓練（陸軍）映像も映し出された。そして、その演習参加兵や実験場周辺住民の損害賠償問題が生じていることも同時にテロップで流された。ブタによる実験については、印象が強いだけに感情的な感想が多くみられた。その一例は、「ブタさんが、かわいそうだ。人間に食われるならあきらめもつくだろうが……」（女子）といったような感想である。ここで大切な課題は、これを糸口に、「核実験の無益さ、命の尊さをいかに学ばせていけるか」否かであろう。

　次に、「カメ」のアニメーションを用いた子ども向けの対核兵器避難教育に多くの者が関心を寄せていた。訓練の内容は、「ピカッと光れば、すぐ伏せる、すぐに物陰に隠れる」という極めて単純なことであるが、運動場や教室で小学生たちが真剣に練習するのを見て、日本の高校生たちは、何を考えたのだろうか。

　「あんな練習で助かるぐらいなら、広島や長崎の被爆者の人々があれほどまでに死傷し、苦しみ続けている訳がない」（女子）

　「アメリカの人が、いかに核の威力について知らされていなかったのかがよくわかった。しかし本当に、伏せるだけで助かると信じてやっていたのだろう

か」（男子）

　「欧米では、核シェルターなど核への備えや訓練をしているが、日本ではそういう訓練がない。日本も『反核』とばかり言うのでなく、防御の方法を教えてほしい」（男子）

　このように核兵器についての知識の程度の差が反映している面もあるものの、全体的には、この避難訓練の意味は否定的にとらえている。訓練を積極的に評価していたものは、感想をみたかぎり、上記の男子の感想の一例が唯一のものであった。なお核シェルターについて、この映画では、核シェルター普及のためのアニメーション、ローカルニュースが映写され、それと同時に「核シェルターと言えども爆心地から40kmは全く用をなさない」との大学教授の解説も挿入されていた。そのこともあって、結果的には、「核シェルターでは、助からない」という感想がほとんどで、映画の最後に映し出された核戦争想定ドキュメントでは、核シェルターの家族が生き残るという設定ではあったものの、それについても、「これから先のあの家族のことを考えると恐ろしくなる」という感想や、「核シェルターに一生、住めるわけではないので、地球上が放射能に汚染されたら生きていけない」という感想が多くみられた。

（4）視聴後の指導について

　前述のような生徒個々の理解や感想状況が把握されたことで、次の指導の課題がみえてくる。特に、多くの生徒の感想には、現代の巨大な社会システム、とくに国際的な社会構造のなかで、平和を希求する願いはもっていても、自分たちには「世界を変える力はない」、「どうしようもない」といった無気力感をもつものが目立った。言いかえれば、「平和になってほしい」という「他力本願」的な平和への期待をもっているといってもよい。その典型は次のような感想である。

　「今日の様子では、第3次大戦もありうるだろう。いや必ずおこるに違いない。核の数も、減りそうにないが、早く考えてもらいたい」（男子）

　このような感想の者については「平和をつくるのは君たちだ。あきらめてしまったらおしまいだ。自分が平和を望むなら、自分なりに今、何をどうすればいいかということを考えていってほしい」というコメントを付して記録感想用

紙を返却した。

　また、「戦争はやりたい人だけやったらいい。死にたい人だけ死んだらいい」といった無関心型の感想については、「戦争は、やりたい人だけやって済む問題ではないし、死んでよい人もいない。世界にはいろいろな人がいるが、その中で皆が平和に生きるにはどうしたらいいか考えてみてほしい」という旨のコメントを付した。

　さらに「平和運動をしなくてはいけない」といった積極型の感想については、「では、どこにどう働きかけていくのか。だれが主体的にこういう運動に取り組んでいくべきか。さらに考えていってもらいたい」という旨のコメントを付した。

　このように、指導を要する類型を把握できれば、感想文作成中に、感想文例などを提示し、全員に注意を喚起していくことによって、全体的な思考の深まりも達成されていくように思われる。そういった、生徒の意見感想のフィードバックは、教育方法論においても常に重視されなくてはならないであろう。

　このフィードバックを時間的にも有効に、かつ生徒のプライバシーも保ちながら合理的に実現するためには、IT機器の有効活用が、より一層図られなくてはならない。

　このICTによるフィードバックシステムの活用事例などについては、第1部第1章において述べたとおりである。

（第3時間目）主体的学習のフィールドとしての学校図書館
（1）文章表現による平和学習—小論文とレポートの評価基準
　ここで紹介する「文章表現による平和学習」は、小論文とレポートの作成の2つである。小論文は全員に作成を義務づけ、レポートの作成は任意提出とした。

　その概要は、次の通りである。小論文の作成は、3学期の最終授業時に、教員側の用意した小論文用紙を用いて作成することにし、これを学年末テストと位置づけて実施した。

　ここで紹介している「学校図書館と連携した平和学習」は、教育課程において、「政治・経済」が全生徒の必修科目として3年次におかれていた10年の間、実施してきたものである。

　その初期の3年間の小論文作成は、平和に関するテーマを各自で設定することとし、教科書・資料集・プリント・参考文献など全ての資料の持ち込みを認め[13]、その上で、テーマ、氏名等はもちろんのこと、さらに参考文献・資料（新聞など）を末尾に掲げることとしていた。すなわち、時間制限はあるが、実質的に字数制限のない小論文試験だったわけである。また、あらかじめ、次のような評価の基準を①〜⑧まで示して、準備の指針とした。これらの基準は、プリントに印刷して全員に配布し、口頭で解説を加えた。

図表8-5　小論文の評価基準

〈評価基準〉
① 正しい事実認識に基づいているか。
② 既習の平和主義など基本原理・原則・用語を理解できているか。
③ 内容の事前予知・時間からみて妥当な質と量があるか。
④ 自分の論旨・主張のため適切な（必要な）論拠を示し、説得力ある論理展開ができているか[14]。
⑤ 主権者として、又は、平和形成者としての意識が自覚され、育てられているか[15]。
⑥ 「恒久平和」の足がかりとして、われわれ、あるいは自分がどうあるべきかが示されているか。自分自身の問題としての洞察がなされているか[16]。
⑦ たとえば、過去の紛争を論じる場合には、現在の状況と関連づける。また、地域紛争を論じる場合には、世界・日本の情勢と関連づけるなど、総合的な見方ができているか。
⑧ 「平和」についての考え方には、政治的にも種々の見方があるので、平和維持の具体的方途についての結論を評価することはしない。そこに到る過程や考えの深まりを評価する[17]。
※厳密には、⑧は、評価の基準ではなく、評価の対象を明示したもの。

この評価基準については、以下のような解説を行った。

図表 8-6　小論文の評価基準解説

> 1. ①〜③の基準は、最も基本的なもので、この①〜③の基準を達成していないものは、それ以降の基準の達成が極めて困難になる。
> 2. ①と②については、既習内容、教科書を十分に生かすこと。
> 3. ④と⑤は、小論文作成に際し、あるいは、社会科教育に際し、当然要求される事柄で、この④と⑤の基準が達成されれば、政治・経済の小論文としては、標準的レベルに十分達していると評価できること。
> 4. ⑥と⑦は、高校生の小論文としては、やや高い要求水準であるが、これらの基準を満足できれば、高校生の論文として十分である。
> 5. ①〜⑦の基準は、並列的なものでなく、段階的なものであり、評価段階に比例すること。

　これらの評価基準が、事前に告知されることによって、生徒自身の学習目標が明確化される。この基準には、次に述べるレポートの評価基準としての意味ももたせた。

（2）レポート作成のポイント

　レポートの作成は自主学習によって作成することになるので、小論文に比べて、各自が自由な形式で提出できるようにした。この取組の実施時期が、高校3年生の3学期であり、進路の関係でレポートの作成に十分な時間がとれない生徒も多いことから、任意提出とした。また、小論文と異なり、共同研究も認めることとした。これは、生徒相互の協働によって、一つのテーマを多角的に把握し、考えを深められることを期待したからである。ただし、その場合の条件として、各自の分担執筆部分を明確にするために、「共同研究の場合は、レポートの表紙の目次に必ず共同研究者名を記し、全体の構成と分担を明示すること」とした。

　レポートと小論文の位置づけは、小論文の作成が時間的制約をともない、表現手段・資料の提示方法にも制約があるので、これをレポートが補う関係になる。具体的には、小論文を肉付けし、新聞のスクラップ等の資料を添付したレポートが多くみられた。

　いずれにしても、これらの小論文・レポートの作成は、テーマの選択から、自分なりの結論を引き出すまで、自分自身で考えねばならない。そのような状況から、主体的学習が生まれてくること、それが、この取組の一つの大きな目的といえる。そして、そのような生徒の主体的な学習が効果的に進められるかどうかは、図書館との連携の成否にかかっているといってよい。

図表8-7　レポート作成例

論文型 テーマ　自衛隊の行方 序章 第一章　自衛隊の歴史 第二章　自衛隊の現状 　（1）陸上自衛隊 　（2）海上自衛隊 　（3）航空自衛隊 第三章　日米関係と自衛隊の役割 第四章　災害派遣における自衛隊の役割 第五章　今、自衛隊が守るべきもの	統計、文献、新聞などを総合的に活用して、現状を分析し、自分の考えをまとめる。参考資料は、各章ごとにまとめて記すなど各自で都合の良い方法を考えてもらいたい。
感想文型 テーマ　日本のアジア侵略 副題　本多勝一著「中国の旅」を読んで （1）はしがき…なぜこのテーマ・本を 　　　選んだか （2）中国侵略の概要 （3）本多勝一氏の考えたこと （4）まとめ…自分たちは、日本の侵略 　　　をどうとらえるか	何か1冊の文献、資料を軸として、それに他の資料などで肉付けして、まとめるのも一つの方法。左の例では、（2）の部分などで、中国侵攻を歴史的、統計的に整理し、（4）で自分の考え方を示すことになる。
事例研究型 テーマ　大韓航空機撃墜事件について 目次 （1）事件の概要 （2）事件発生の政治的・軍事的背景 （3）事件の国際的影響と各国の対応 ①アメリカ　②ソ連　③韓国　④日本 ◎資料編（新聞記事）	個々の事例について新聞記事などを素材としてまとめる。新聞スクラップ等を最後にまとめて添付するのも一策。

第5節　学校図書館活用の準備・実践・評価

（1）学校図書館活用の準備

　学校図書館を活用した教育方法は、これまでに様々な教科で、数多くの実践報告がある[18]。ここでは、そのような先例を参考にした授業実践とそこから感じた課題を示してみたい。

　まず、図書館利用の準備として、「今回の学習テーマに関する資料が学校にどの程度あるのか」を把握する目的もあり、利用可能な図書資料の一覧を作成した。

　そして、書架の構成に合わせて、関係書籍を単行本と新書に分類し、単行本については、「原爆・ヒロシマ・ナガサキ」、「沖縄戦・沖縄問題」、「日中戦争・中国侵略」、「世界史・日本史からみた戦争」など11項目に分類した。またその分類とは別に、雑誌・全集・講座などの利用可能な資料も所蔵されていたので、それも合わせて58種を一覧に掲載した。また新書は、岩波新書、中公新書など出版社別に、28種を掲げた。

　しかし、どうしても最新の刊行図書資料や中高生向きのものなど、特定の書籍に利用が集中して、特にこの平和学習の取組を始めた頃には、生徒が希望通りの資料を閲覧できない場合も多数あった。

　この高校では、このような図書館利用を毎年継続的に10年余りにわたって実施したので、利用の多い書籍等については、複本購入をしていただき、年々資料が充実していった。このような教育環境の改善、特に図書資料の整備と活用には、図書部担当の司書教諭並びに図書館司書等の関係職員の協力は非常に重要である。

　また、そのような協力と連携を進める上で、教科担当の教員が、できるだけ早い時期に、図書館関係教職員と相談しながら、具体的な図書館利用の計画を立てていくことが、図書館利用の効果を上げるために大切である。

　今日の調べ学習では、インターネットによる情報の利用は欠かせない。情報教育のためのコンピュータ設置教室の利用もよいが、できれば、図書館資料を参照しつつインターネット検索を行う機会をつくることが望ましいと考えている。そのためにも、図書館にある程度の数の生徒用パソコンを設置しておくこ

とは、大切なことである。それは、図書館が情報センターとしての機能を維持するためにも必要であり、またそれが、生徒のメディア・リテラシーを育てることにもなるであろう。

（２）条件の克服と活用

　大学付属の小中高校などでは、潤沢な資料を活用できる場合もあろうが、基本的には、何らかのテーマ学習を試みる際に、最初から十分な資料が用意されているという学校は、少ないであろう。前述のように、初めて学校図書館を利用しようと考えたときには、学校図書館が所蔵する「平和」関係図書の数は、生徒数に比して圧倒的に少なかった。そのため、様々な工夫が必要であった。

　現代であれば、インターネット（携帯電話も含む）の活用も重要であるが、この取組の当初はそのような条件はなく、そのため、①新聞（縮刷版を含む）の利用、②雑誌・パンフレット類の活用、③地域の公共図書館から借り出した書籍の「学校による一括集団借り出し」を実施した。また④通常書庫の中に収納されている閉架式所蔵図書（昨年の新聞を含む）なども「テーマ関連図書」として一時的に開架に戻すことによって図書の活用が一定程度は進んだ。特に市立図書館からの一括借り出しでは、司書の選書、貸し出し、返却という一連の協力が大きな助力となった。

（３）図書館での授業

　まず、前述の参考資料一覧を配布し、各分類別の書架を概略的に説明した後、個別的な助言と資料の利用指導を行った。

　生徒の図書資料の利用方法は「①自分のテーマに合う書架へ行く→②関係のありそうな題の本を選び出す→③本の目次・内容をみて利用可能かどうか確認する→④貸出手続をして利用する」という形が一般的である。

　しかし、逆に言えば、「他の図書資料の利用方法は、全く知らない」と考えても、さほど大きな間違いではない。たとえばパソコンまたはカード式の図書目録を利用して、図書館にある資料を検索する生徒は、それほど多くはない。本来、利用する書籍等は、開架で利用できるのが望ましいが、現実には、書庫内に収納された閉架式の図書数が相当な数にのぼる学校も多いと推察される。

その意味でも、目録等の検索機能を使いこなす能力は、将来的に非常に有用性の高いスキルである。例えば大学等への進学後に、能率的な図書資料の利用・選択を可能にするためには、新聞の縮刷版、統計書（白書・日本国勢図会など）の内容、利用方法について、より一層の指導が必要である[19]。

　図書館司書のレファレンスの協力で、図書館資料の有効利用も図られたが、自分で調べたいことを自分で資料を探して考えられるようにという目標からすれば、このようなスキルの獲得には、より充実した図書館活用のための教育が求められる。

　入学時の図書館オリエンテーションを実施している学校も多いであろうが、それだけでなく、学校図書館を利用した学習を行う際は、それを契機に図書館の具体的な活用方法について、指導できるチャンスである。

　また、新聞の活用も重要であろう。ネット検索機能を用いて時事問題を調べても、少し日時を経た記事は、新聞社のホームページからは削除されていて、情報利用料を支払わなければ過去の記事を閲覧できないという場合も少なくない。そのような場合には、やはり新聞の縮刷版を用いて過去の記事を探すことが比較的簡便である。その縮刷版の利用指導とは、具体的には、目次と索引の活用法を伝えることになる。

　この取組の最初は、それを個別指導として行っていたが、次の年度からは、図書館を利用する時間の全体説明のなかで、全員に対して、新聞縮刷版の利用法について、簡単に説明をし、その後に、必要に応じて個別に利用法を伝えていくこととした。

　図書館を利用できる時間は、２時間程度であるが、この時間を有効に活用するため、小論文のテーマをその１時間目に決め、決めたテーマを授業の終わりに提出することとした。小論文作成時のテーマの変更は認めるが、テーマを事前に決定することには次の三つの理由があった。

① 生徒に対して、小論文作成に向けた準備を促す。
② 教師が、事前に全員のテーマを知り、どの生徒が何に関心をもっているかという生徒個々の学習状況を把握でき、また、それによって考えがまとまらず進行の遅れている生徒を把握できる。
③ 教師が生徒全体のテーマ選定の傾向を知り、その後の図書館利用法の改善

や資料準備ができる。

　具体的な生徒への働きかけとしては、テーマ提出時に、テーマが漠然としたままの生徒に対しては、「平和全般を論じるのは、一般論に終わってしまい、論旨に深みがなくなり、書きにくい」ことと「次の授業までに、より具体的なテーマを考えておくこと」を指示した。授業時間の終わり間際に多くの者が、この「執筆予定テーマ」を提出するため、必ずしも全ての生徒に有効な指導が行えるわけではなかったが、可能な範囲で、個々の生徒の学習進行状況を把握し、その生徒に応じたアドバイスをすることは大きな意味があろう。

　もっとも、生徒自身が、様々な情報等を取捨選択し、自己の中でそれらを体系づける能力を養うために、「どういうかたちで助言していけばよいのか」は、生徒により、また同じ生徒でも、その学習進度によって、異なる。まずは、生徒の考え方が一歩ずつ深まり、新たな知見が得られたなどといったプロセスの積み重ねに、教師が少しでも関われれば、よいと考えなくてはならないであろう。

（4）学習活動の評価

　論文の評価の基準は、いつも悩まされるが、前述のような基準を明示しておくことは、教師にとっても、相対的に評価を客観化しやすくなるというメリットがある。

　また、私の場合、論文評価自体は、A、B、C、D、Eの5段階評価を原則とし、さらに、これらの段階を点数化するために、さらにこの5段階評価を、それぞれ50点満点で、45点、35点、25点、15点、5点とし、さらに、A〜Dの段階の作品のなかで、個性的であったり、資料収集の努力が見られるものなど、高く評価できる点のあるものについては、A＋、B＋、C＋などとして、5点を加算した。

　さらにレポート提出者については、レ

図表8-8　小論文評価の概要

評価		度数	構成比（％）
A	Ⓐ	0	—
	A	19	4.7
B	Ⓑ	101	25.2
	B	156	38.9
C	Ⓒ	101	25.2
	C	17	4.2
D	Ⓓ	4	1.0
	D	1	0.2
E		0	—
未提出		2	0.4
計		401	100.0

ポートを、A、B、Cの３段階評価し、各々
15点、10点、５点を加算した。ただし、
小論文・レポートを合算して50点を超
えたものは、全て50点として計算し、
その50点満点の評価を３学期の評価と
した。

図表8-9　レポート評価の概要

評価	男	女	計	構成比(%)
A	33	46	79	19.7
B	24	61	85	212.2
C	21	38	59	14.7
未提出	78	145	223	55.6
未提出者	125	53	178	44.9
計	203	198	401	100.0

　これらの評価算出法も生徒に周知する
こととし、受験等の進路に関する事情で、レポート作成の時間的余裕のない者
も、「授業時間内に必要な資料を集め、小論文で努力すれば、このような評価
算定法であるから、レポートを提出しなくとも十分得点できるよう配慮してい
る」ことを説明し、他方、１、２学期において評価が低かった者については、「レ
ポートを作成することで、その努力を評価できる」こと、及び「従来の客観テ
ストや記述式テストで、十分に発揮できなかった自分の特性や個性を、論文と
いうかたちであれば、表現できるのではないか」ということも訴えた。

　事実、このような論文作成の意図と目的は、このような調べ学習によってあ
る程度達成されたように思われる。

第６節　生徒の社会への関心と理解を進化させるために

　平和への学習は、現代の人類全体にとってもまだまだ解決されるべき課題で
あり、結論や正解はないといってよい。ここでは、生徒たちが考えた小論文や
レポートを読み、それらにコメントを書き加えながら、印象に残った点を本章
の最後にまとめておきたいと思う。

　ここで取り上げた課題学習で、日々接している高校生たちの、そのときどき
の平和への意識や社会観・人間観が、かなり具体的に見えてきたことが、私に
とって最大の収穫であった。

　たとえば、多くの生徒たちが「憲法９条と自衛隊」をテーマに取り上げてい
たが、その内容をみれば、いくつかの教育上の課題が見えてくる。

　Ｋ君は、「自衛隊は違憲だと思う。侵略戦争も防衛戦争も戦争の悲惨さには

変わりないし、その悲惨さを繰り返すことを憲法は禁止しているのだ」としながら、同時に「自衛隊のようなものが必要である。平和主義を否定するつもりはないが、憲法第 9 条に一部改正の余地があるのでは…」と記していた。また、Y 君も、真尾悦子『いくさ世に生きて』を参考文献に掲げ、「人が人を殺し、母が子を殺す戦争から得た、憲法・平和主義なのだから自衛隊であろうが武力を持たない方がいい」としつつ「自衛隊は違憲だといわないが…」と記し、また別な箇所では「(自衛隊が) 必要ないとは言わないが…」と繰り返し記していた。このような傾向は、自衛隊をテーマにして論考をまとめたおよそ半数の論文に確認できた [20]。この「憲法 9 条尊重かつ自衛隊・安保肯定」の傾向は、高校生の意識としては、全国的にみられるが、「一個の人間の中に相反する考え方が矛盾をあまり感ずることなく共存している」[21] という事実は、私自身の指導法に、大きな課題を残した。

　生徒の多くは、平和問題に限らず、「よくわからない」とか「難しい問題だ」という安易な結論に逃がれ、そこで思考停止しているようにさえ思われたからである。

　そういった「結論」にしか達していないという生徒がいるということは、私自身がその生徒に対して「考える」ということをしっかりと学ばせられなかったということでもあり、今後改善しなくてはならない点であった。

　これと同様の傾向は、核問題をテーマとした生徒たちにも、しばしば見うけられた。

　核戦争や放射能汚染への危機感は高いが「努力はしたいが何をしてよいのかわからない」とか「われわれの力ではどうにもならない」と考えている者が、常に相当数存在していたからである。このような無力感のあらわれも、全国的な傾向といえる [22]。

　いわば、彼らには、歴史の担い手としての具体的な展望が与えられなかったともいえるのである。

　そのような課題にどのように答えるか。その問いへの回答は、決して簡単なことではないが、避けることのできない教育方法論上の課題でもある。たとえば、「映画『アトミック・カフェ』の教材としての利用方法にも、改善点があるのではないか」、「論文を書く方式に問題はないのか」などである。そして、こ

れらの課題に少しずつ、答えを出していくために、本書にも紹介するような、様々な教育実践の試行錯誤が続けられることになる。

　その一例は、映画「アトミック・カフェ」の教材としての活用方法である。この映像資料は、単に、平和を考えるだけでなく、「国家による情報の統制がいかに行われているか」、また数多くの情報が飛び交う現代社会において「国民一人ひとりがどのような情報選択・収集・理解・活用の能力を育むべきか」といったテーマを考える格好の教材でもあったわけで、それをより一層活用するには、ただ視聴して感想を記し、教員がコメントを付して評価するという教育方法では、限界があること、そして、「アトミック・カフェ」を視聴した高校生たちが討議し、相互に意見を交流することができれば、考えも深まり、また視野も広がる可能性があることに、私自身がこの実践を通じて気づくことになったのである。この後の討議形式の授業の新展開については、別章で論じたとおりである。

　本章の最後に、大学受験との関わりについて述べておきたい。高校3年生に限らず、平和についての学習、とりわけ小論文等の作成は、受験生にとっては、かなりの負担を強いる可能性があったが、それにもかかわらず、過半数の高校3年生が、任意提出のレポートを提出したことは、高校生の内面にある平和を希求する熱意の強さの現れと積極的に評価したい。

　もちろん、これとは逆に、受験競争の風潮に流されて、高校生として本来学ぶべきことを見失い、大学受験という競争、すなわち受験戦争に勝ち残ることに血道をあげる者も少なくはないが、この点を「教師はどう考えるか」が重要である。

　「受験戦争や学歴社会は、望ましくないが、やむを得ない」として、手段を選ばないような人間が、現実に、社会全体が戦争へと動き出しているときに、戦争阻止の力となり得るか。第2次大戦の日本は、帝国日本の国策として、大陸進出を強行し、日本軍は、「祖国繁栄のため」、「名誉のため」と、罪もない多くの非戦闘員を殺し、また日本人自身も家族、友達を含めた数多くの命を失うというと筆舌に尽くせぬ犠牲をこうむったのである。

　ユネスコ憲章(国際連合教育科学文化機関憲章)も、「戦争は人の心の中で生まれるものであるから、人の心の中に平和のとりでを築かなければならない」

と、その冒頭で宣言している。このように、本当に大切なことを後世に伝える教育が、今ほど求められている時はないように思われる。また、その伝え方も、ただ大人の側から子どもへと一方的な伝達に終わってしまっては、効果的ではないであろう。児童・生徒が自ら、主体的に課題を見つけ、問題解決の糸口を模索するための教育的支援が求められる。

　その一つの教育方法がアクティブ・ラーニングである。その面では、すでに、日本中、さらに世界中の学校で、人間性豊かな教育を目指して、幾多の取り組みが行われている。それは、授業における取組だけではない。

　たとえば、当時私の勤務していた学校では、『学年だより』のなかに、戦争経験をもつ教師自身が、「自分の体験」として「学徒出陣」を語る記事があり、その『学年だより』の教師の言葉を引用してレポートや論文を記した生徒がいた。また中学校の修学旅行で広島へ行った体験を生かして、力強く「原爆許すまじ」を訴えた生徒たちもいた。そのような「真の学び」の積み重ねこそ、人格の完成にとって必要な教育ではないかと感じざるをえない。

　視聴覚教材や図書館の活用に関しても、関係教職員の支援なしには実行不可能であったことを改めて記さねばならない。視聴覚関係の機器利用や視聴覚ライブラリーの整備に視聴覚部教職員の方々の協力を得、図書館利用に際しては、司書の方に新聞3種類を各週毎にとじ、小冊子・雑誌を製本して閲覧の便を図り、授業の内外を問わず、生徒の資料探しに助言とレファレンスを得、さらに市立図書館にまで出張して、資料整備に尽力いただいた。高校教師に「なりたて」の私がこの平和学習に取り組めたのは、そのようなサポート体制の存在が極めて大きかった。教育実践における「学校づくり」の意義を、特に記しておきたい。

注
1)　岡本三夫「多様化する平和教育」『現代社会』3巻4号（1983年）p.7。
2)　安達喜彦先生は、「平和教育の学習課題を、『平和をめざす学習』と『戦争と平和についての学習』にわけ、その上で更に現代の課題に立って、『反核・軍縮についての学習』を設定したい」（安達喜彦『どの子も伸びる』70号（1983年））とされている。ここでは、安達先生による定義にしたがって、これらの語句を用いた。安達先生は、本章で取り上げる平和教育の実践当時、私とは同一学校に勤務する同僚教員であったばかりではなく、兵庫歴史教育者協議会会長、同全国副会長等を歴任された平和教育の実践と研究の素晴らしい先達であった。その後安達先生は、和歌山大学教育学部助教授として転職されたが、安達先生には平和教育のみならず、教育そのものについても、長きにわ

たってご教示いただいた。

3) 一橋出版『資料集現代社会』(1983 年) p.127 参照。

4) 朝日新聞 1981 年 4 月 24 日。

5) ストックホルム国際平和研究所『世界の軍事力 '79 〜 80』。

6) 毎日新聞 1981 年 10 月 5 日。

7) 宮崎義一『寡占』(1972 年) pp.211-212。

8) 朝日新聞 1980 年 3 月 15 日、東京法令『'84 現代社会資料』p.185 参照。

9) 沖縄戦での日本軍による住民虐殺についての住民自らの証言を集めたものとして、名嘉正八郎・谷川健一編「沖縄の証言(上、下)」中公新書(1971 年) がある。また、昭和 58 年 10 月に行われた兵庫県県立高等学校教職員組合西阪神支部第 11 回教育研究集会の社会科分科会において、中村忠生教諭の『学習資料・新日本史』(ほるぷ教育開発研究所) pp.174-175、260-261 を教材とした取組に接し、教示を得たところも多い。

10) 今日の原爆被爆者のおかれた困難な状況と被爆者援護運動について理解する手がかりとしては、田中肇『原爆被爆者問題〔改訂版〕新日本新書 (1977 年) を参考とした。また第五福竜丸事件については、広田重道『第五福竜丸』(1977 年) が、被爆状況、事件の背景と事件後の事態の推移についてよくまとめられている。

11) 生徒の書いたものを、生徒卓の中に収納されたブースカメラ (モノクロ・VTR カメラ) で映写し、その映像を、生徒卓モニターテレビに映写しながら、教師が解説し、あるいは生徒間で討論すること。および、生徒の記録を VID (教材提示装置) で映写しながら、教師が、直接その記録を添削し解説を加えることの 2 つが考えられた。前者は、結局、適当な生徒記録を選び議論するのに時間が足りず、事実上不可能だった。後者については、他のクラスの生徒記録から参考になるものを選び、考えを深める素材とした。なお、この視聴覚システムは西宮市立西宮東高等学校独特のシステムである。

12) 横山静穂「VTR『アトミック・カフェ』―逆説的な反核映画―」平和教育ニュース 54 号〔西宮東高校分会〕(1983 年) 参照。本章の教育実践を計画するにあたって、適当な視聴覚教材を探していたところ、この 1983 年 12 月 17 日発行の平和教育ニュースで、初めて「アトミック・カフェ」の VTR があることを知り、試写したところ、教材として、非常に優れており、当時、他の授業での利用予定もなかったので、非常に好都合であった。

13) 本章で取り上げた取組は、生徒が自分の考えをまとめていく能力の育成に重点をおいたので、できるだけ、従来の知識中心の学習から生徒自身を解放できるようにと考えて、このような方法をとった。この方向性は、学習指導要領 (1979 年) の「思考力育成の重視」とも合致しうる (文部省『高等学校学習指導要領解説』pp.5-6)。しかしながら、このような方法を、本当の意味で有意義に実行するには、さらなる指導と方法論的検討も要する。事実、新聞記事の社説を、写しただけのような作品も散見した。

14) 評価基準の①②④は、いずれも、学習指導要領「政治・経済」内容の取扱い②および③に依拠しつつ、さらに生徒の理解し易いように「評価基準」という形で、学習課題を示したものである。文部省・前注 (13) 掲書 pp.190-191 参照。

15) これは、この授業実践当時の旧教育基本法 1 条に規定されている「教育の目的」に直接かかわるものであって、これを評価基準とした。ここでは、差し当り、前述の視聴覚記録に表われたような、「真の平和達成へのあきらめ」や「政治や平和は政治家の考えることで、自分はただ祈るだけ」といった姿勢を容認することなく、今の自分が何をどう考えればいいか、また、平和についてどう考えるか、という問いかけに真剣に取り組もうという姿勢を是とするというような尺度として、この基準を用いた。

16) 前述の⑤の基準に、自分のあり方が、より具体的に示されるほどにまで理解が進んでいるかどうかという点を付け加えたものである。

17) 旧教育基本法 8 条参照。

18) 高校社会科における実践として、西垣幸信「社会科・地理における図書館資料の利用」学校図書館 303 号 (1976 年) pp.35-37。大熊圭祐「高校社会科学習と学校図書館」学校図書館 358 号 (1980 年) pp.40-44。当時の筆者の勤務校では、フィールドワークを中心とした地域研究が、地理や現代社会で長年試みられてきており、日本史の「歴史旧聞」作成という試みも定着している。また、現代国語では、課題図書を中心とした読書指導が行われ、理科でも戦争体験などの聞き取り調査が継続されていた。

19) 新聞、統計書、雑誌は、原則として貸出できず、複数の者の利用も困難である。今回の作業では、これらの図書資料の複写が不可欠であった。今回は、私が個人として可能な範囲で、必要最小限行った。コピーサービスが学校図書館としてどうしても必要なもの、との主張（古松彰「これからの学校図書館─高等学校校長の考える学校図書館─」学校図書館397号（1983年）p.39）は当然で、そのようなサービス提供が、小学校から高等学校まで、幅広く制度化されることが望まれる。

20) ちなみに、自衛隊の合憲性について、肯定3名、否定20名、事実のみ記述7名であった。

21) 阿部光博・斉藤規・田中垣次郎「現代社会を理解し、生き方を学ぶ資料を」『学校図書館』375号（1982年）pp.35-38参照。

22) 例えば、1980年代の広島県下の高校生でさえ「何をしていいかわからない」が全体の49%、「どうにもならない」が24%という結果が広島県高教組の意識調査で出されている。朝日新聞〔広島版〕1983年7月16日。

第9章　全校で取り組むアクティブ・ラーニング
―自己を見つめ、社会と向き合う新聞投稿の試み

第1節　通学問題から生まれたアクティブ・ラーニング

　私が高校教諭として2番目に着任した高校は、山間地に位置する全日制普通科校であった。市街地から離れた山麓にあるため、全生徒の98%がバス通学を強いられていたが、バス便は少なく、始業時にあわせて、全生徒が登校できるだけのバスの便数を確保できない状況であった。そのため、学校創設の頃から、1年生は「早便」と呼ばれる早朝便で登校するというルールがあり、始業時間よりも1時間から1時間半以上も早く登校してきた生徒たちは、授業の予習や宿題、クラブの早朝練習に時間を充てていた。そして週2回は、この早朝の時間を利用して、1年生全員を対象とする早朝学習を実施してきたのである。

　その「補習」内容は、本章で取り上げる小論文学習のほかにも、英会話、漢字検定教材、基礎的計算力や数学クイズなど多岐にわたっていた。その多くは、課題プリントによる自学自習を基本としたもので、早朝学習の課題の作成、配布、回収、点検などその実施は全教員の協力によって行われていた。本章で紹介するアクティブ・ラーニングも、そのような困難な通学上の条件をバネに、全教職員と高校生達が一致協力して、はじめて実施できたものである。

第2節　生徒にとっての小論文とは

　早朝学習におけるアクティブ・ラーニングとしての小論文作成は、つぎのような手順ですすめられた。

　まず、事前に各生徒が自分の書きたいテーマを決め、下書きや文章の構想を練っておいて、当日、所定の400字詰め原稿用紙に小論文を作成し、その完成した小論文を新聞社の読者投稿欄に郵送するというものである。

　この指導過程で「どのように学校全体による共同実践を行ったか」を、①小

論文作成への動機づけ、②小論文作成前の事前準備、③作成時の指導、④新聞投稿とその反響の各段階を追って振り返ってみたい。

（1）小論文作成への動機づけ―授業の共通化と新聞の活用

　本実践校の教育課程では1年次に公民科「政治・経済」を全員が履修することになっていた。このアクティブ・ラーニングを実施した当時（1998（平成10）年度）は3名の地歴・公民科教員がこれを担当していたが、授業内容については、「ニュース・レポート」と呼ぶ生徒の報告学習を全クラス共通に実施するなど、教科教育の面で一定の共通化を図り、共同的実践を実施していた。「ニュース・レポート」と名づけられていたアクティブ・ラーニングは、生徒自身が最も関心をもった最近の新聞記事について、ニュースのまとめと自分の感想を1人あたり約5分間で発表するというものである。

　「政治・経済」の毎授業1時間につき1、2名の生徒が授業の冒頭で、この「ニュース・レポート」の報告を行う。その報告後には、レポート内容について、質疑や意見交換などクラス討議を行った。そして、この報告と討議に直接関わらず、発言機会のなかった他の生徒も、報告や質疑・応答の内容、自分の意見・感想を記録用紙に記入して毎時間提出することとした。

　そして、「政治・経済」の定期考査でも、全クラス共通問題として、そのテスト期間中の最近の時事問題を出題した。体系的な「政治・経済」の学習と並行して、日々の新聞報道を素材にしながら、「ニュース・レポート」の報告と討議を通じて、社会的な問題解決への展望を指し示したり、提出された記録用紙の各生徒の感想文にコメントをつけたりしながら、様々な社会問題への関心と理解を高めようと、3名の担当教員が試みたのである。

　そして、生徒が主体的に調べ、考える報告・討議の学習のなかで、私たち「政治・経済」担当教員は高校生ならではの主張や若者の率直な疑問を毎時間のように聞いたり、感想文を読んだりすることになった。

　このような1学期からの報告学習に加えて、2学期からは、新聞等に学んだ生徒らの意見を、新聞を通じて広く伝えようとしたのが、前述の「早朝学習の時間を活用した小論文作成と新聞投稿」というアクティブ・ラーニングの試みだった。生徒が主体的に取り組む報告学習の経験は、生徒自身が自分たちの考

148

えを人に伝えることの意味と意欲を高めていったことも確かである。このような生徒と教師の双方に、小論文作成と新聞投稿というアクティブ・ラーニングへの動機づけがあったからこそ、その論文投稿に、予想以上の反響と成果が得られたといってよい。

（2）小論文作成前の事前準備

　このような経過もあって早朝学習における小論文作成は、主として公民科教員が指導計画を立案し、国語科などの他教科の教員に協力・助言を受けながら実施することになった。

　学年集会等を通じて小論文学習の趣旨と内容を生徒に説明しながら、小論文作成のトレーニングとして、新聞のコラム欄（朝日新聞「天声人語」）を利用して、大意要約の演習を1学期中の早朝学習時に2度実施した。そして、小論文作成の数日前からは『国語便覧』を参照しながら、テーマ設定や「小論文の書き方」の下書き執筆を促していった。

　自分が今一番言いたいこと、考えてきたことを表現できるようにと、テーマは、基本的に自由とし、その上でなお、テーマ選択に迷う生徒には「『ニュース・レポート』や夏期課題（各自でテーマを決めて新聞記事をスクラップし、内容のまとめと感想を記したもの）を素材に、自分の感想や意見を書いてはどうか」などのアドバイスもした。

（3）作成時の指導

　前述のように早朝学習の実施は全教員の協力によって行われているので、清書用紙の配布、回収、さらに出欠、提出の点検は早朝学習の当番教員の任務とされた。

　小論文作成の当日、私たち学年担当の公民科教員はいくつかのクラスを巡回して、個別生徒の質問にも応じながら、「最後の結論部分では何が言いたいのか主張を明確に示すように」など、新聞投稿欄の読者の立場から自分の文章を見直すことの大切さや推敲についてのアドバイスをしていった。

　生徒たちは、「自分の言いたいことをどのように表現すればよいのか」という作文技術の面もさることながら、「そもそも自分は何が一番言いたいのか」

という自問自答に最も悩んでいたように見受けられた。まさに、「テーマ自由」の小論文は、生徒が自分自身の内面に向き合う機会ともなったのである。

第3節　新聞投稿とその反響

　早朝学習では、9月から11月にかけて3回の小論文作成の時間を設けた。第1回目に未完成だった者には、文章表現上の訂正、文章構成、論旨の明確化などについて添削の上、返却した。そして、最終的にはほとんどの生徒が自分の作品を一つは完成させることができた。なかには、この間に二つ、三つと作品を完成した、意欲的な生徒も少なくなかった。それらの小論文を随時、全国紙（朝日、産経、毎日、読売）と地域紙（神戸）などに投稿していったのである。

　そのなかから、環境問題に関する「人間と生き物共生の社会を」（神戸新聞10月2日）、親子関係を論じた「親の後ろ姿は人生のお手本」（読売新聞10月6日）や「子を虐待する親も被害者か」（読売新聞10月17日）、自分の進路や学校生活という身近な事柄をテーマにした「保母さんになる夢実現するぞ！」（毎日新聞10月18日）、「学校は永遠の友達作るところ」（毎日新聞10月21日）、「髪の色とピアス自己主張の手段」（産経新聞11月12日）、そして砒素カレー事件を素材にした「人生を変えるお金の恐ろしさ」（産経新聞10月22日）など、多彩な主張が続々と掲載された。そして、高校生の投書に対する共感や励ましの反響文も次々に各紙に掲載されていった。

　例えば「親の後ろ姿」の投書には離婚経験のある女性から、「保母になる夢」には現役保育士やPTA役員の方からの共感や励ましの投書が後日の同欄に掲載された。

　投書の掲載それ自体だけでなく、その反響の大きさに、本人はもちろん、他の生徒たちも大きな刺激と啓発を受けたことは、まぎれもない事実である。それらの高校生の投書やその反響文などは公民科の教科の通信である「政経新聞」に再録し、生徒や教職員に紹介していった。それぞれの高校生にとっては、自分の書いた文章がマスコミに取り上げられたこと自体、まさしく「重大ニュース」であった。

　こうして新聞投稿というアクティブ・ラーニング的手法を用いて、高校生の

率直な意見を伝え、多くの人と交信できたことは、生徒たちにとって予想以上に大きな達成感と自信を生んだ。そして高校生たちは、この小論文学習を通じて、同級生の意見に共感し、生徒相互に学び合い、そして様々な立場の人からの反響の投書文などを合わせ読むことで視野を広げ、さらに社会や他者と自己との関わりをより深く探求していこうとする意欲と姿勢をかきたてた。その意味で、このアクティブ・ラーニングの実践は、高校生たちにとって今後の明るい未来に展望を与え、「生きる力」を育むものといってよいであろう。

　また、教師の側からは、改めて個々の生徒たちが持っている素晴らしい感性や人間性を再発見したり、投稿文の一つ一つに目を通しながら「こんな願いを持っていたんだ」とか「これが今1番の悩みなのか」など、日ごろの会話だけではわかりにくいことにも気づかされることが少なくなかった。

　こうした取組を通じて生徒と教師が互いに理解を深め合い、多くの人々との共感・共生の輪の広がりを実感できたことが、このアクティブ・ラーニングの大きな成果といえる。

　そして、その成果は、全教職員と高校生たちの努力によるものであることを特に強調しておきたいと思う。

　第1章でみたような図書・視聴覚資料と機材活用における教職員の連携、10章におけるIT活用・管理分掌組織を中核としたデータ利用の広範化は、いずれも学校という学習ネットワークの構築、すなわち「よりよい学校づくり」の一側面である。

　そして、第6章で紹介した小論文作成と新聞投稿のアクティブ・ラーニングは、この学習形態と教育方法の活用によって、学校全体の生徒、教職員の教育活動の活性化を目指す取組であった。それは、まさに「アクティブ・ラーニングによる学校づくり」そのものといえよう。

　アクティブ・ラーニングの実践が進展するためには、その基盤としての「学校づくり」が重要であるとともに、そのような「学校づくり」の実現には、教職員の連携が不可欠である。

　また、逆説的に言えば、アクティブ・ラーニングの積極的導入と共同実践が、教職員の連携をさらに進化させるともいえる。その意味でも、アクティブ・ラーニングは、児童・生徒のみならず、教職員をはじめ児童・生徒の父母も含めた、

多くの人々を結びつけ、子どもたちにとって、望ましい教育環境と学習ネットワークを作り上げていくのに資する面がある。

〈問題演習3〉採用試験出題例からみた「学校づくり」

　設問　あなたが4月に赴任した新任校では、新学習指導要領の実施に合わせて、知・徳・体の備わった「確かな学力」の修得により「生きる力」を育む学校づくりを目指している。その方法として（1）基本的生活習慣と倫理観を身につけ、自主自立の精神を養い、（2）他者を愛する心をもって、社会貢献できる人間を育て、（3）自ら学び、課題発見と課題解決の能力を育む教育に取り組んでいる。また、その一環として、キャリア教育の充実が図られようとしている。

問（1）　あなたは、教科担当として、どのようなキャリア・アップの方法を提案しますか。

問（2）　あなたは、1年担任として、教科横断的に取り組まれているキャリア・サポートに関連付けて、どのようなホームルーム活動を提案しますか。（京都市、高、2次）

〈解説〉

　キャリア教育では進路指導（部）担当との連携は当然であるが、さらに図書・視聴覚資料の活用力、情報管理（部）担当と連携したデータの活用力の育成は、教科担当としても、学級担任としても取り組むべき課題であろう。また、保護者・卒業生・地域住民の協力による職場訪問や社会人（職業人）インタビュー等のアクティブ・ラーニングが、実際にキャリア教育として実践されている学校は多い。

第10章　教育実践と情報処理プログラムの利用
―授業設計とコンピュータ

第1節　情報処理システムの活用による効果的教科指導

　近年、教育分野のみならず、情報技術の革新はめざましい。私自身は、その黎明期ともいえる1980年代から、定期考査におけるマークシート式解答の活用とそれによって得られたデータの活用を試行してきた。

　すでに、1980年代半ばには、コンピュータで採点されたデータは、単なる成績処理だけでなく、多様な成績処理が可能となっていた。この頃、西宮の市立高校では、福西宗竝教諭によって作成されたプログラムを利用し、コンピュータ処理されたデータを活用することで、自分の授業設計や作成した問題の評価と分析を実証的に行うことが可能になっていた。

　本章では、学校内の情報処理システムの活用事例として、①マークシートの採点→②成績処理→③評価→④今後の授業設計という流れを整理し、そして、教育実践にコンピュータを活用する実践的ITシステムの構築と、今後の課題を明らかにしていきたい。

第2節　コンピュータ採点の新展開

　旧来のマークシート式コンピュータ採点は、マークシートに記された、生徒のコード・ナンバーと解答を読み取り、正答と照合して、配点に従って各生徒の得点をOUTPUTするというものであった。そのシステムは、生徒のマークシートによる解答から、各生徒の得点を算出するという点で、十分有用であった。けれども、コンピュータによる採点が、単に、採点に要する教員の労力を補うものでしかないならば、その有用性は、決して大きいものとはいえない。なぜならば、教員が採点を直接行う場合、採点を通して、「生徒がどういう誤りをおかしやすいか」「どういう問題を理解しにくいのか」といったことを実感

できるのだが、コンピュータが、各生徒の得点だけを OUTPUT した場合、教員はそういう検証の機会を失うなど、コンピュータを利用することで、マイナス面も存在するからである。

　しかし、現在は、マークリーダーのデータをコンピュータに取り込み、多様なプログラムから多角的なデータ処理ができるようになった。その結果として、従来では考えられなかったほど、生徒の学習・修得状況を具体的かつ克明に分析することができるようになった。

図表 10-1　学年全体の政経の特典分布（マークシート 70 点分）

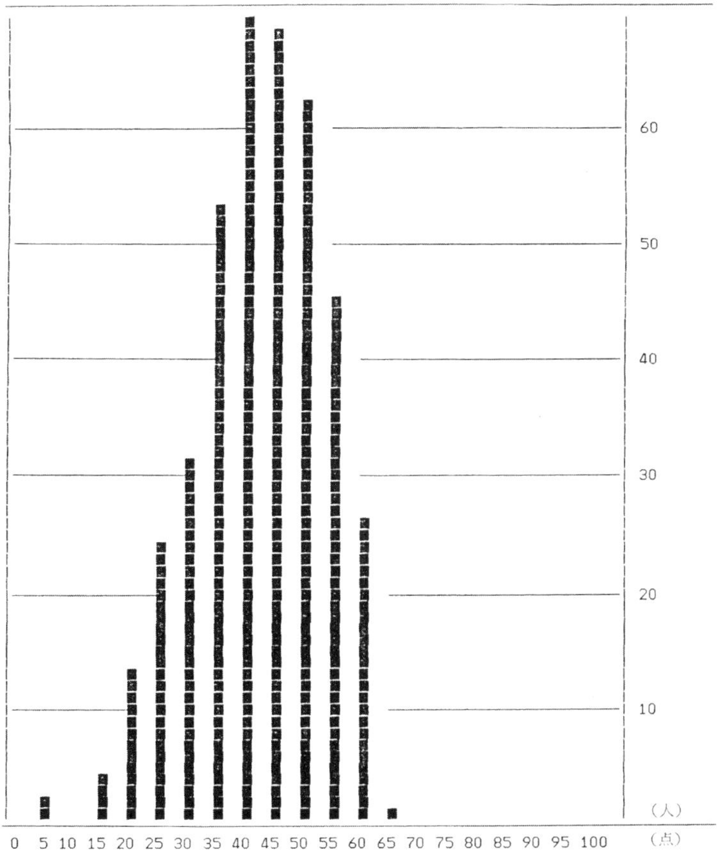

図表 10-2　クラス別及び学年全体の政経の特典分布

得点段階	I組	H組	G組	F組	E組	D組	C組	B組	A組	学年
－ 100	0	0	0	0	0	0	0	0	0	0
95 － 99	0	0	0	0	0	0	0	0	0	0
90 － 94	0	0	0	0	0	0	0	0	0	0
85 － 89	0	0	0	0	0	0	0	0	0	0
80 － 84	0	0	0	0	0	0	0	0	0	0
75 － 79	0	0	0	0	0	0	0	0	0	0
70 － 74	0	0	0	0	0	0	0	0	0	0
65 － 69	0	0	0	0	1	0	0	0	0	1
60 － 64	4	3	1	6	0	2	3	5	2	26
55 － 59	7	4	4	7	7	2	3	5	6	45
50 － 54	5	7	8	7	15	6	6	4	4	62
45 － 49	7	2	10	9	7	10	7	10	3	68
40 － 44	5	11	8	7	6	10	9	4	9	69
35 － 39	6	4	5	4	3	7	6	8	10	53
30 － 34	3	2	5	2	3	3	4	5	4	31
25 － 29	5	4	1	0	0	4	2	3	5	24
20 － 24	0	3	1	3	2	1	1	1	1	13
15 － 19	1	2	0	0	0	0	1	0	0	4
10 － 14	0	0	0	0	0	0	0	0	0	0
5 － 9	0	0	0	0	0	0	1	0	1	2
0 － 4	0	0	0	0	0	0	0	0	0	0
受験者数	43	45	43	45	44	45	43	45	45	398
最高得点	63	64	60	63	65	62	62	63	62	65
平均	44.3	42.1	43.8	47.7	47.2	42.9	42.3	44.1	40.9	43.9
最低得点	18	17	21	20	22	22	5	24	6	5
標準偏差	11.6	12.1	9.2	10.9	9.1	9.2	11.8	10.8	11.4	10.9

　図表 10-1、10-2 は、70 点満点の客観式解答問題の得点分布である。これまでのマークシート利用の際には、常に、マークシート式解答の部分と記述式解答の両者を併用してきたが、特に留意した点は、「不十分な学習状況の者でも、欠点をとらずに済む」ような形の安易な選択式問題を作らず、「マークシート部分も、記述式部分も、各々が、正答率で平均 60% となる」という配慮をしてきた。すなわち、マークシートのみ得点し、記述式解答を全くせずに十分な得点がえられるような状態は避けようとしたのである。そのような面を、実際に考査後に検討するためには、図表 10-1、10-2 のような得点分布が即座に示され、全体像が明らかになることは、有用であった。

　また、図表 10-3 は、図表 10-1、10-2 と同じく、ある年度の高校公民科科目の 2 学期中間考査[1]のマークシート各問ごとの正答率をグラフ化したものである。この正答率表は、次年度の問題作成に貴重な資料となる他、自らの授業の課題に対する客観性の高い分析資料となる。このような図表の作図を各考査ごとに手作業で行うには、相当の労力を要するが、コンピュータによるデータ処理であればこそ、このように実証的数値を瞬時に提示できる。

　しかし、各設問と各生徒を関連づけつつ、総合的に分析するには、ここまで

図表 10-3　各問ごとの正答率

```
第 1 問 ************************************* 57%
第 2 問 ************************************************** 83%
第 3 問 *************************************************** 89%
第 4 問 *************************************************** 94%
第 5 問 *********************************** 59%
第 6 問 ***************************** 49%
第 7 問 ************* 22%
第 8 問 ********************************************** 82%
第 9 問 ******************************************** 75%
第10 問 ******************************************** 75%
第11 問 ******************************************** 75%
第12 問 *************************************************** 94%
第13 問 ********************************** 60%
第14 問 ***************************** 52%
第15 問 *********************************************** 85%
第16 問 **************************************** 73%
第17 問 **************************************************** 91%
第18 問 *************************************** 71%
第19 問 ***************************** 50%
第20 問 ***************************** 52%
第21 問 ************************** 47%
第22 問 *********************** 42%
第23 問 ******************************************** 79%
第24 問 ********************************************** 84%
第25 問 *** 5%
第26 問 ******** 13%
第27 問 ***************************** 54%
第28 問 ***************************** 55%
第29 問 ****************** 34%
第30 問 ********************************************** 82%
第31 問 *********************************************** 86%
第32 問 *********************************************** 87%
第33 問 *************************************************** 91%
第34 問 *********************************************** 87%
第35 問 ***************************** 56%
第36 問 ********* 15%
第37 問 *********************************** 66%
第38 問 *************************************** 71%
第39 問 **************************************** 74%
第40 問 ************************* 46%
第41 問 ****************************************** 78%
第42 問 *********************************** 67%
第43 問 *********************************************** 86%
第44 問 ********************************** 65%
第45 問 **************************************************** 92%
第46 問 *********************************** 69%
第47 問 ********************************** 63%
第48 問 ************************* 51%
第49 問 *********************************** 67%
第50 問 *************************** 47%
```

に挙げた図表は、十分な資料を示しているとはいえない。

　このような総合的・複合的分析を可能にするために、コンピュータによるデータ処理能力をどのように活用しうるかをさらに検討する必要がある。

第3節　コンピュータによる S-P 表の作成

　授業内容の不備や欠陥、各生徒やクラスの傾向、弱点を発見する方法として、従来は、成績一覧表ないし得点分布表（図表 10-1、10-2 参照）を参考にすることが多かった。しかし、これらの図・表では、授業結果を分析・解釈するには

156

図表 10-4　政治・経済におけるクラスの S-P 表

問題番号	1 2 0 4 0 1 2 3 2 3 1 4 1 4 1 1 3 0 0 2 3 4 4 4 0 3 2 1 4 2 1 0 3 3 0 3 4 3 0 2 2 3 1 2 4 4 1	正解数	注意係数
	7 0 1 5 2 9 8 5 2 8 8 0 6 3 5 3 4 8 9 6 9 3 6 4 2 1 7 0 6 0 8 1 2 4 9 7 5 2 9 6 3 3 5 1 4 7 4 7 1		
1 氏名省略	1 1 1 1 1 1 1 1 1 1 1 1 1 1 1 1 1 1 1 1 1 1 1 1 1 1 1 1 1 1 1 1 1 1 1 1 1 1 1 0 1 1 0 0	44	0.14
2 氏名省略	1 1 1 1 1 1 1 1 1 1 1 0 1 1 0 1 1 1 1 1 1 1 1 1 1 1 1 1 1 1 1 1 1 1 1 1 1 0 1 1 0 1 1 0 0	44	0.37
3 氏名省略	1 1 1 1 1 1 1 1 1 1 1 1 0 1 1 1 1 1 1 1 1 1 1 1 1 1 1 1 1 1 1 1 1 0 1 1 0 1 1 1 1 1 0 0	44	0.39
4 氏名省略	1 1 1 1 1 1 1 1 1 1 1 1 1 1 1 1 1 1 1 1 1 1 1 1 1 1 1 1 1 1 0 1 0 1 1 1 0 1 1 0 1 0 1	43	0.39
5 氏名省略	0 1 1 1 1 1 1 1 1 1 1 1 1 1 1 1 0 1 1 1 1 1 1 1 1 1 1 1 1 1 1 1 1 1 1 0 1 0 1 0 0 0	40	0.56
6 氏名省略	1 1 1 1 1 1 1 1 1 1 1 1 1 1 1 1 1 1 1 1 1 1 0 1 0 1 1 1 1 1 1 1 0 1 0 0 0 1 1 0 0	38	0.21
7 氏名省略	1 1 1 1 1 1 1 1 1 1 1 1 1 1 1 1 1 1 1 1 1 0 0 1 1 0 0 1 1 0 0 1 1 0 0 1 0 0 0	37	0.26
8 氏名省略	1 1 1 1 1 1 0 1 1 0 1 0 1 0 1 1 1 1 1 1 0 1 1 0 1 1 1 1 0 0 0 1 1 0 1 0 0 0	37	0.54
9 氏名省略	1 1 1 1 1 1 1 1 1 1 1 1 1 1 1 0 1 1 0 1 0 0 1 0 0 1 0 1 1 0 0 0 0 0 0	36	0.25
10 氏名省略	1 1 1 1 1 1 1 1 1 1 1 1 1 1 1 1 1 1 0 1 0 0 0 1 0 0 1 0 0 0 0 0 0 0	36	0.22
11 氏名省略	1 1 1 1 1 1 1 1 1 1 1 1 1 1 1 1 0 1 1 0 1 0 0 0 1 0 0 0 1 0 0 0	35	0.27
12 氏名省略	1 1 1 1 1 1 1 0 1 1 0 1 0 1 1 1 1 1 1 1 1 0 0 1 0 0 1 0 0 0 0 1	34	0.41
13 氏名省略	1 1 1 1 1 0 1 1 1 1 1 0 1 1 1 1 1 1 1 0 0 1 0 0 0 0 1 0 0 0 1	33	0.32
14 氏名省略	1 1 1 1 1 1 1 1 1 1 0 0 1 1 0 0 1 1 1 1 0 1 0 0 0 0 1 0 0 0 0	32	0.47
15 氏名省略	1 1 1 1 1 1 1 1 0 1 1 0 1 1 1 0 0 0 1 0 0 1 0 1 0 1 1 1 1 0 0 0	32	0.43
16 氏名省略	1 1 1 1 1 1 1 1 1 1 1 1 0 0 0 0 1 1 0 0 1 1 0 1 0 0 0 0 0 1 0 0	31	0.35
17 氏名省略	1 1 0 1 0 1 1 1 1 1 1 1 1 1 1 1 0 1 0 1 0 0 0 0 1 1 1 0 0 0 0 1 1 1	31	0.66
18 氏名省略	1 0 1 1 1 1 1 1 0 1 1 0 1 0 1 1 1 0 0 1 0 1 0 1 1 0 0 0 0 0 1 1	31	0.39
19 氏名省略	1 1 1 1 0 1 0 1 0 1 1 0 0 1 1 0 1 0 1 0 0 1 0 0 1 0 0 1 1 1 0 1	31	0.74
20 氏名省略	1 1 1 1 1 0 1 1 1 1 1 1 1 0 1 0 0 0 1 1 1 0 0 0 1 0 0 1 1 0 0 0	30	0.45
21 氏名省略	1 1 1 1 1 1 1 1 0 1 0 1 1 1 1 1 0 0 1 0 0 0 0 1 1 0 0 0 1 0 0 0	29	0.44
22 氏名省略	1 0 1 0 0 1 1 1 1 1 1 1 0 1 1 0 0 0 1 0 1 0 1 0 0 1 0 0 1 0 0 0	29	0.36
23 氏名省略	1 1 1 0 1 0 1 1 0 1 1 0 1 1 1 1 1 0 1 0 0 0 0 0 0 1 0 1 0	28	0.49
24 氏名省略	1 1 1 1 1 1 1 1 0 1 1 1 1 1 0 0 0 0 0 1 0 0 0 0 1 0 0 0 0	28	0.27
25 氏名省略	1 1 1 1 1 1 1 1 0 1 1 0 1 1 0 0 1 0 0 0 0 1 0 0 1 0 0 0 0 0	28	0.31
26 氏名省略	1 1 1 1 1 1 0 0 1 1 0 1 0 1 0 0 1 0 0 0 0 0 1 0 0 0 0 1 0	26	0.49
27 氏名省略	1 1 1 1 1 0 1 0 1 1 0 1 0 1 1 1 0 0 0 1 0 0 0 0 0 0 1 0 0 0	26	0.36
28 氏名省略	1 1 1 1 1 1 1 0 0 0 1 0 0 0 0 1 0 0 1 0 0 0 1 0 0 1 0 0 0	25	0.46
29 氏名省略	1 1 1 1 1 0 1 1 0 0 1 0 0 0 0 0 1 0 0 0 0 0 0 0 0 0 0 0	24	0.42
30 氏名省略	1 1 1 1 1 1 1 1 0 1 1 0 1 0 0 1 0 0 0 0 1 0 0 0 1 0 0 1 0	23	0.28
31 氏名省略	1 1 1 1 0 0 0 1 1 1 0 1 0 0 0 0 1 0 1 0 1 0 0 0 1 0 0 0	23	0.49
32 氏名省略	1 1 1 1 1 0 1 1 1 0 1 0 1 0 1 0 0 1 0 0 0 0 1 0 0 0 0 0	23	0.23
33 氏名省略	1 1 0 1 1 0 1 0 1 0 1 1 0 0 1 0 0 0 0 0 1 0 0 0 0 1 0 0	23	0.50
34 氏名省略	1 1 1 1 1 1 1 0 0 1 0 1 0 0 0 0 0 1 0 0 0 0 0 1 0 1 0 1	21	0.53
35 氏名省略	1 0 1 0 1 1 0 1 0 1 1 0 1 0 0 0 0 0 0 1 0 1 0 0 1 0 0 0	20	0.61
36 氏名省略	1 1 1 1 0 1 0 0 1 0 1 0 0 1 0 0 0 0 0 0 0 0 0 0 0 0 0	19	0.20
37 氏名省略	1 0 1 1 0 1 1 1 0 0 1 0 1 0 0 0 0 0 1 0 0 0 0 0 0 0	19	0.37
38 氏名省略	0 1 1 0 1 1 1 1 1 0 0 0 1 0 0 0 0 0 0 1 0 0 0 0 0	14	0.50
39 氏名省略	1 1 0 1 0 1 0 1 0 0 0 0 0 0 0 0 0 0 0 0 0 0 0 0	14	0.26
40 氏省略	1 1 0 1 0 1 0 1 0 0 0 0 0 0 0 0 0 0 1 0 1 0 0 0 0	10	0.55
正解数	3 3 3 3 3 3 3 3 3 3 3 3 3 3 3 2 2 2 2 2 2 2 2 2 2 2 2 2 2 1 1 1 1 1 1 1 1 1 1 1 0 0 0		正解率 = 59.7
	8 7 6 6 5 5 4 4 3 2 1 1 1 0 9 8 8 8 7 7 6 5 4 4 4 3 3 2 1 1 0 9 8 7 7 6 5 3 3 3 2 1 6 5 5		
注意係数	1 0 0 0 0 0 1 0 0 0 0 0 0 0 0 0 0 0 0 0 0 0 0 0 0 0 0 0 0 0 0 0 0 0 0 0 0 0 0 0 0 0 0 0		
	0 4 4 2 5 6 3 0 3 7 9 4 2 9 4 2 4 3 3 7 2 2 4 1 4 5 2 2 2 6 0 4 3 3 5 4 2 3 2 9 2 5 6 4 0 1 5 0 8		
	1 0 5 3 1 8 9 5 0 6 5 3 2 3 9 3 6 2 1 8 8 8 3 0 2 2 7 0 6 5 0 7 6 5 5 5 5 1 1 3 0 5 7 1 3 2 1 2		

不便な面も多い[2]。

　そこで、生徒指導や評価に便利なようにデータ処理したものとして、広く利用されてきているものがS-P表である。ここでは、ある年度の高校公民科科目の2学期の定期考査を素材として、考察を加えてみた。

　S-P表は、成績一覧表（生徒を出席番号順に並べ、問題も出題順に並べて正誤を記入しただけのもの）をもとにして、生徒の配列順を合計得点の高いものから、上から下へ順に並べなおし、問題を正答者数の多いものから、左から右へ順に並べなおした図表である（図表10-4参照）。この図表では、正答を「1」、誤答を「0」として得点を表わしている。図表10-4は、あるクラスのS-P表である。上記のように操作されているので氏名は出席番号順ではない。

　このS-P表には、2種類の階段状の折れ線が記入されている。この線は、学生（Student）と問題（Practice）に関する線で、それぞれ、Sライン、Pラインと呼ばれる。Sラインは、生徒を成績順に並べ、各生徒が何問正解したかを視覚的に示す線である。この図の下方を右側に上方を左側にくるように、置き換

えて眺めると、通常のヒストグラム（柱状分布図）となり、その高さで正答数を表わすこととなる。Pラインは、上下を逆さまにして眺めると、どの問題にどれだけの正答者があったかを示すヒストグラム（柱状分布図）である。

　図表10-5は、学年全体についてのS-P表である。Sライン、Pラインの全体的傾向を通して、生徒の学力差、出題の難易度の偏り等が分析できる。

　このようなS-P表の作成目的は、第一に、全問題の傾向と一致しない問題を発見して、学習目標

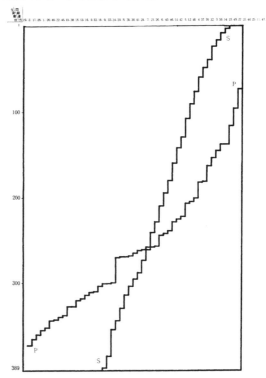

図表10-5　学年全体のS-P表

—指導内容—学習評価の一貫性を調べ、授業設計と実践上の不備な点を検討することにある。第二に、「易しい問題に誤答し、むしろ難しい問題に正しく答えている不安定な生徒」を発見し、その原因をさぐる糸口とすることである。

第4節　コンピュータ処理された学習データの活用
—注意係数を中心として

　2学期末考査を主資料としつつ、上記の検討をさらに深めるため、図表10-4にも示されている「注意係数」に注目しながら考えてみたい。

　注意係数とは、全体の傾向と異質な問題や生徒を発見しやすくするため、異質の程度を定量的に表わす数値である。「ある問題の正答者の配列が、全体の

傾向とどれほど違っているか」を示したものが「問題の注意係数」であり、「生徒の注意係数」も、それと同様に、「全体の傾向とは異なった正答問題の配列になっている生徒」を、どの程度異質か示せるように工夫されたものである[3]。

　図表 10-4 の S-P 表をみると、1 番の生徒は、48 の問を誤り、27 の問に正答した以外は、全体の傾向からみて「易しい問題の順に正答し、難しい問題ほど誤っている」という点で、非常に全体の傾向に近い正答状況であるから、0.14 という低い注意係数である。他方、1 番目の生徒とは逆に、19 番目の生徒は、「クラス全体の傾向として正答率の低い問題に正しく答え、逆に全体に易しいと考えられる問題を相当数誤答している」生徒である。そのため、0.74 と注意係数が高くなっている。

　このように、各生徒、各問が、それぞれ S ライン、P ラインの完全反応パターンとどれほど異なっているのかは、次のような式で表わすことができる。

$$\text{ある生徒の注意係数} = \frac{\text{ある生徒の反応パターンと完全反応パターンの差異}}{\text{完全反応パターンと最大にばらついた反応パターンの差異}}$$

　そして、生徒 A の注意係数を算出する公式は、次のようになる（生徒 A の得点を P 点とする）。

$$\text{生徒 A の注意係数} = \frac{\begin{bmatrix}\text{S ラインより左にある「0」に}\\\text{対応する問題の正答者数の和}\end{bmatrix} - \begin{bmatrix}\text{S ラインより右にある「1」に}\\\text{対応する問題の正答者数の和}\end{bmatrix}}{\begin{bmatrix}\text{正答者数の左から}\\\text{P 個までの和}\end{bmatrix} - \begin{bmatrix}\text{生徒 A の}\\\text{正答率}\end{bmatrix} \times \begin{bmatrix}\text{全生徒の}\\\text{得点の合計}\end{bmatrix}}$$

　ここで、この数値を取り扱う際に、いくつかの注意すべき点がある。

　第一は、正答率 85% 以上の高正答率の反応パターンでは、ただ一つの 1 や 0 であっても、その位置によって、注意係数が大きくなるため、注意係数が高くても、とりたてて検討するまでもなく偶然の出来事として無視しうることである（図表 10-6 参照）。

　第二に、生徒や問題の注意係数は、その値が大きいからといって、その生徒（または問題）が悪いという価値判断をともなうものではなく、他とは異質であるという価値的に中立の意味しかもち得ないことである[4]。このような前提

図表 10-6　クラス別、および学年の各設問の正答状況

設問	A	B	C	D	E	F	G	H	I	正答者数 (人)	正答率 (%)
49	25	◯47	◯11	◯47	47	◯31	47	27	◯11	72	19
48	47	11	◯47	◯11	11	◯14	25	47	◯47	94	24
47	11	25	44	◯25	◯25	◯47	31	11	◯23	113	29
46	◯14	◯14	27	44	49	11	27	◯44	◯31	134	34
45	3	49	◯14	14	14	25	27	31	25	134	34
44	◯44	23	27	◯49	14	◯25	23	◯49	27	141	36
43	27	27	25	36	31	31	◯23	3	49	149	38
42	◯23	44	23	3	27	◯44	◯11	36	23	158	40
41	49	31	3	◯31	23	49	37	14	32	176	45
40	31	12	◯36	◯37	◯36	12	3	36	36	177	45
39	39	◯36	49	32	39	39	4	44	3	195	50
38	◯36	4	32	◯14	37	36	41	◯42	32	199	51
37	4	32	5	27	43	32	5	◯48	39	201	52
36	◯48	39	37	◯6	32	21	36	◯39	37	216	55
35	5	10	39	5	12	4	37	4	4	219	56
34	42	5	4	41	4	4	20	39	48	222	57
33	24	3	12	43	41	46	20	48	12	232	60
32	32	24	21	23	3	43	32	46	5	235	60
31	◯43	30	◯48	39	33	48	5	◯46	42	237	61
30	7	◯48	26	◯26	4	◯48	21	10	42	249	64
29	◯37	26	26	4	◯48	◯6	21	30	7	250	64
28	46	43	30	42	10	42	48	◯35	43	250	65
27	10	29	7	30	◯35	41	4	29	6	253	65
26	12	21	41	46	26	24	24	24	26	254	66
25	◯6	8	42	34	7	8	7	21	21	257	66
24	26	13	46	◯29	16	18	43	12	7	260	67
23	8	16	46	◯35	42	30	12	21	24	261	67
22	30	7	33	15	◯6	10	33	43	9	261	67
21	◯21	9	29	12	◯28	34	9	26	30	262	67
20	38	46	◯6	7	29	7	8	24	35	290	75
19	41	◯6	9	10	5	13	◯35	35	8	291	75
18	◯18	◯42	8	24	24	38	30	41	34	291	75
17	13	13	◯18	34	46	35	13	30	34	294	76
16	34	35	15	13	22	16	16	16	33	300	77
15	◯9	15	15	33	15	3	34	40	33	301	77
14	35	37	◯43	1	8	9	14	38	20	304	78
13	33	33	16	45	21	16	29	13	13	308	79
12	45	17	40	16	40	5	18	29	18	310	80
11	16	45	18	9	18	29	45	38	38	317	81
10	1	34	38	17	38	40	18	15	15	317	81
9	22	22	22	2	13	15	33	22	45	327	84
8	28	38	35	20	17	22	22	40	22	329	85
7	15	38	28	19	22	45	13	38	40	332	85
6	20	1	19	8	1	17	15	33	20	333	86
5	40	2	2	18	45	40	17	15	28	341	88
4	2	41	45	38	19	28	1	44	28	344	88
3	29	40	13	20	1	2	17	49	17	349	90
2	20	28	20	1	19	1	2	91	28	354	91
1	17	19	17	28	2	19	19	19	19	361	93

◯印は各クラス注意係数 0.70 以上の問題（但し、正答率 85％以上の問題を除く）

160

と、データ処理後の資料を評価問題と照合しながら検討すると、S-P表はいくつかの示唆的かつ有益な反省材料をわれわれに与えている。

第5節　生徒理解のためのコンピュータ利用

　学習・評価のコンピュータによるデータは、従来もまた現在も「ある生徒が全体の中でどのような位置（席次）か」を確かめ、「自分の能力で入れる（入れない）大学」を特定するために、しばしば用いられてきた。この序列化の体制が、生徒の個性の伸長をさまたげてきたともいえる。そして、コンピュータが機能的に、その重要な一翼を担ってきたことは否めない。けれども、ここに取り上げた S-P 表は、逆に生徒の特性を引き出し、その学習状況に応じた指導を考える上で、きわめて高い有効性をもっている。2 人の生徒の事例を通して考えてみたい。

　X 組の N 君（注意係数 0.82 正答数 20/49）は、F 組で最も正答率の高い問題①を誤り、これに次いで正答率の高かった②を正答した。①と②は関連性の高い問題でテスト前に復習したとすれば、②だけを学習したとは、とうてい考えられないものである。このような不安定な得点が少なくとも 4 箇所見受けられる。これらの解答は選択肢の多さから考えても、いわゆる「まぐれ」によって正答したものばかりとは思われない。しかも、⑭（平和共存）、㉓（多極化）、㉚（非同盟主義）といった学習の中心的テーマに対する設問に答えられず、結果的に注意係数が高く、低得点ということになった。

　S-P 表と学習状況（図表 10-7 参照）を照合して得られた上記の N 君の状況は、実際には、特異な例ではなく、他の注意係数の高い生徒にもしばしば見られる傾向といえる。ここで検討素材とした 2 学期末考査の場合、注意係数 0.5 以上の生徒は全学年で 389 人中 60 人おり、その 60 人について検討すると、約 3 分の 2（少なくとも 37 名）に、この N 君と同様の傾向（関連問題に正誤が不安定に混在し、学習上の重要事項に誤りが多い）がみられたのである。

　このような状況の生徒の学習状況をより実態に即して記述すれば、授業および試験前に一定程度の学習をしているものの、学習のポイントは把握できずに終わっており、体系的理解も不十分なままでいることになる。

図表 10-7　各設問学習別および正答（問題は後掲参照）

設問	口頭説明	教科書	板書（ノート事項）	資料集	教科書（現社）	その他	正解
1	○		○	○			5
2	○		○	○			4
3	○		○	○	△		4
4	○		○				8
5	○	○	○	○	△		3
6	○	○	○	○			5
7	○	○		△			6
8	○	○					3
9	○	○		△			7
10	○	○					9
11	○	◎	○	○			3
12	○	○	○				6
13	○	○	○	○	△		7
14	○		△				4
15	○	○	○				2
16	○		○		△		5
17	○		○		△△		1
18	○		○		△		5
19	○	◎	○	○			1
20	○		○		◎		1
21		○		○		○（注）	4
22	○	○	○	○		○（注）	1
23	○	○	○	◎	○		2
24	○		○	○			6
25		○					2
26	○	○	○	○			5
27		○					3
28	○	△	○	○			6
29		◎					3
30	○	○	○	○	○		4
31	○	○					3
32	○	○	○	△			2
33	○	○	○				4
34	○	△					1
35	○	○					3
36	○	○		△			1
37	○	○					1
38	○	△					1
39	○	◎	○	○			7
40	○	○	○	◎			2
41	○	○					2
42	○	○	○	○			1
43	○	△		○			2
44	○	○	○				4
45	○	△					3
46	○	△	○				4
47	○	△	△				9
48	○	○	○				4
49	○	○	○	○			4

凡例）　△は、板書の場合は補足的であり、資料等で欄外補足事項として記入のことを示す。
　　　　◎は、大字記入。○は、記入ないし説明あり
　　　（注）　一学期ないし二学期前半に既習

　一般生徒は、授業の板書事項を中心として理解を深めていく傾向があるので、授業での主題理解と体系的把握がより効果的となるよう、授業実践者である私自身も反省せねばならない。

　より具体的に言えば、アメリカのマーベリー対マディソン事件 (㉞)、ウォーターゲート事件 (㊳)、ソ連のソルジェニーツィン事件 (㊺) などは、学習内容としてはやや詳細な部分に属するが、各々 76%、81%、84% という高い正答率を示しており、教科内容として難しいテーマも具体的な事案の解説を通して知的好奇心を引き出せるという結果になった。このような授業展開ができれば、一般に難解とされる学習事項に対しても、生徒の知識の定着度は高くなるように思われる (図表 10-7 および後掲資料参照)。

　次に X 組の O さん (注意係数 0.93、正解数 22/49) についてみると、授業での板書事項や教科書に添った (全体の正答率の高い) 事項について、しばしば誤答する半面、総合的な設問理解を要する (全体の正答率の低い) 事項について、相当数正解している。この O さんの場合、潜在的には、かなりの理解力があり、授業での口頭説明や評価問題の主旨について的確な把握ができるにもかかわらず、学習内容の個々の事項についての知識に欠けているため、低得点になっていると推認できる。他の生徒の全体的傾向と正反対のため特に高い注意係数を示しているが、それだけ O さんは傑出した能力を秘めているともいえる。このような学習力量を十分に発揮できる場を授業の中で積極的に創り出しながら学習全体への動機づけをしていくことが、とくにこういった状況の生徒にとっては不可欠であるといえる[5]。

　問題についてみると、問題番号 11 (正解「平和共存」) のような基本的設題に誤答が目立ち、注意係数も高くなっている (図表 10-6 参照)。授業展開に添った出題であったが (図表 10-7 参照)、個々の事件・事項の記憶に比して、体系的な理解が不十分なことを示している。このような傾向のみられる生徒には、授業実践のなかでの発問 (基礎的事項について知識定着を確認する問いかけをするなど) や課題設定 (ワークシートなどのプリント教材による体系的理解の復習機会をもうけるなど) を工夫することで、飛躍的に学習効率が高まる可能性がある。

第6節　情報処理を教科教育・生徒指導に生かす

　ここでは、1980 年代の授業実践に関連して、コンピュータ利用の一考察を行ったが、21 世紀の今日でもまだまだ多くの学校では、貴重なデータを生かしきれていないのではと思われる。現在、教職員全体についていえば、文書作成や成績処理に関するコンピュータ操作への習熟は、かなり進んでいると思われるが、コンピュータがもつ情報処理の能力を教科教育・生徒指導に生かすには、大きな課題が残されている。

　学校や教員が作成した評価問題が、どの程度妥当なものであったか、また全国学力検査のデータも、そもそも評価問題として、どの程度の合理性や妥当性があるのかをもっと分析することが重要かもしれない。

　マーク式以外の問題のデータを一つ一つ入力するだけの余裕がないのも現実であるが、マークシートを利用するのに付随し、コンピュータに記憶されたデータを活用しつつ、今後も生徒の学習状況を多角的に理解していくことは、決して困難なことではないし、むしろ必要なことではないかと考えている。

　マークシート式の出題と採点システムの活用は、今後も各学校で、進展、拡充が予想される。ここに取り上げたように、そのデータが、子ども自身のために、教科教育や生徒指導と結びつけ活用されるよう、そのような体制づくりがすすむことを期待したい[6]。

図表 10-8 出題例

政治・経済　第二學期　期末考査　（1985.12.11）

注意　①の問１と②の回答はマークシートに答を記入し、その他の問いは記述式回答用紙に回答すること。

①

次の文を読み、したの問いにこたえよ。

第二次世界大戦後の東西対立は、１９４６年３月にイギリスの首相（　１　）が訪米の際におこなった（　２　）演説によって、本格的に表面化した。その翌年３月には、（　３　）がアメリカによって、うちだされた。（３）の主な内容は、（　４　）・トルコへの三億ドルにのぼる軍事援助や、西欧の戦後復興と軍事援助を目的とする（　５　）の実施であった。（５）の受入機関であった OEEC（ヨーロッパ経済協力機構）は、のちに１９６１年改組され（　６　）となったが、今日も西側先進国の連携の一拠点となっている。一方、ソ連は、このような反共政策に対抗するため、１９４７年１０月（　７　）を設立して、各国の（　８　）党および労働党の連絡提携をつよめた。

　そして、１９５０年の朝鮮戦争によって、対立は頂点にたっした。この戦争は、（　９　）を主力とする A 国連軍と、北朝鮮ならびに（　１０　）義勇軍とのたたかいであった。このとき、B 国連軍の核使用の危機と第三次大戦へと戦争が拡大することも憂慮されたが、１９５３年には休戦となり、その後の国際情勢は、大きなながれとしては、（　１１　）の方向をたどることとなった。

　しかし、世界に国際紛争がまったくおこらなかったわけではない。ベトナムでは、（　１２　）の撤退後も、（　１３　）が武力介入し、いわゆる北爆や地上軍派兵をおこない、（１３）だけでも推定で（　１４　）人以上の戦死者が出た。そして、（１３）が撤退したのち、ベトナム共和国政府は崩壊し、（　１５　）共和国が成立している。一方、中東では、（　１６　）によって、１９４８年イスラエル共和国が成立したが、C アラブ諸国との紛争がたえず、１９５６年にはエジプトが（　１７　）宣言にたいして、（　１８　）・フランスが出兵。イスラエルもこれに加わった。国連では、これにたいして、（　１９　）を開いて、（　２０　）の進駐を決定・実施した。また、１９７９年１２月、（　２１　）にソ連軍が侵攻。米ソ関係も悪化した。しかし、D １９８２年からは、米・ソ間で戦略兵器の（　２２　）を目的とする START がはじまり、緊張緩和への努力もつづけられている。

　米ソ間のデタントとともに表れてきたのが、（　２３　）の傾向である。E NATO のなかでは、１９６６年に（　２４　）が独自の核戦略のために軍事機構から脱退。（　２５　）も独自にソ連、東欧と関係改善に努めるようになった。東側でも、アルバニアが（　２６　）から脱退（1968年脱退声明1969年より脱退）。（　２７　）では、１９８０年の経済不況のなか自主的労働組合「連帯」による反政府的労働運動がたかまった。また、F 中華人民共和国は、（　２８　）条約などにより深くむすびついていたが、１９６０年代に G 中ソ対立が激化。（２８）条約も１９８０年に破棄された。H １９７１年１０月に中華人民共和国が国連において中国の代表権を承認されたことなどもあって、１９７２年には中国は西側との関係改善をおこなった。そして、日本も１９７８年（　２９　）をむすぶにいたった。

　こういった東西両陣営のうごきとともに、A.A.LA 諸国も（　３０　）主義のもとに結束し、国際政治への影響力をつよめている。しかし、I これらの国々のなかでも資源の有無や政治制度のちがい等による対立が生じているのが現実である。このように（２３）した国際社会で、J われわれのあるべき姿を見失うことのないようにしなければならない。

問１　（１）～（３０）に最も適する語句を各語群からえらべ。

（１）１、トルーマン　２、ホーチミン　３、ガンジー　４、スターリン　５、チャーチル　６、F. ルーズベルト　７、サッチャー　８、フルシチョフ

（２）１、ゲティスバーク　２、表敬　３、国会　４、いわゆる「鉄のカーテン」　５、ヤルタ会談　６、国連総会

（３・５・７）１、シューマン・プラン　２、ドッヂ・ライン　３、マーシャル・プラン　４、トルーマン・ドクトリン　５、アイゼンハワー・ドクトリン　６、コミュンフォルム　７、コメコン　８、インターナショナル　９、ベトコン

（４・９・10・12・13・18・20・21・24・25・27）１、国連緊急軍　２、ドイツ連邦共和国　３、ポーランド　４、アフガニスタン　５、イギリス　６、フランス　７、アメリカ合衆国　８、ギリシャ

　　9、中華人民共和国　１０、中華民国
(6) 1、EC　2、EEC　3、IBRD　4、GATT　5、OECD
(8) 1、社会　2、民社　3、共産　4、自由　5、革新　6、社民
(11・23・30) 1、冷戦　2、多極化　3、平和共存　4、非同盟　5、ナショナリズム　6、インター
　　＝ナショナリズム　7、南北対立　8、ファシズム
(14) 1、50　2、500　3、5000　4、45000　5、150000　6、2500000
(15) 1、ベトナム民主　2、ベトナム社会主義　3、安南　4、カンボジア　5、民主カンボジア　6、
　　カンボジア連邦　7、インドシナ
(16) 1、ソ連の支配　2、中国の支援　3、アラブ人の支援　4、植民地独立運動　5、シオニズム
　　運動の高揚
(17) 1、スエズ運河国有化　2、世界人権　3、新国際経済秩序　4、世界人間環境　5、エジプト
　　独立　6、対イスラエル和平
(19) 1、緊急特別総会　2、軍事参謀委員会　3、経済社会理事会　4、信託統治理事会　5、五大
　　国首脳会議
(22) 1、削減　2、上限設定　3、現状維持　4、均衡・整備　5、即時廃止
(26) 1、ANZUS　2、OAS　3、NATO　4、COMECON　5、ワルシャワ条約機構
(28) 1、北京　2、東京　3、南京　4、サンフランシスコ　5、パリ講和　6、中ソ友好同盟相互
　　援助
(29) 1、日中共同宣言　2、日中共同声明　3、日中平和友好条約　4、日中友好親善条約　5、日
　　中安全保障条約　6、日中友好通商条約

問 2 ～問 1 1 及び 3 は省略

2

次の文は、各国の政治体制に関するものである。アメリカに関する文は 1 、イギリスは 2 、ソ連は 3 、
中華人民共和国は 4 、日本は 5 、日本とアメリカは 6 、日本とイギリスは 7 、アメリカとソ連は 8 、
ソ連と中華人民共和国は 9 、どこの国でもないものは 0 をマークせよ。

31)　上記した国のなかで最も司法権の独立性が弱い
32)　最高法院は上院におかれている
33)　司法権は最高人民法院その他の人民法院が行使している
34)　裁判所の違憲法令審査権は判例 (マーベリー対マディソン事件) により確立した
35)　連邦制をとっており、連邦最高会議は連邦会議と民族会議からなる
36)　モンテスキューの思想に強く影響された厳格な権力分立制をとっている
37)　上院 (元老院) が下院に優越する
38)　1974 年、下院の司法委員会は大統領の弾劾を決議し、大統領は辞任に追込まれた
39)　議院内閣制
40)　不文憲法による政治運営
41)　1911 年の国会法で下院の優越が認められた
42)　行政府が必要とする筆法や予算は、教書や勧告を通じて議会に要請される
43)　国王は君臨すれども統治せず
44)　中央軍事委員会の設置など、指導部の責任分担化 (集団指導化) がはかられている
45)　連邦最高会議幹部会は、立法権をもち、ノーベル賞作家を国外退去させたことがある
46)　1976 年以後、文化大革命が批判され、四つの近代化を進める政治路線に転換した
47)　権力集中制 (民主集中制) をとっている
48)　上記の国のなかで最も国際連合への加盟が遅かった
49)　独自の核政策により部分的核実験禁止条約と核拡散防止条約を批准していない

〈問題演習４〉採用試験出題例からみた「アクティブ・ラーニング」
設問（１）あなたの学校では、各クラスで環境について調べ学習をし、その成
　　　　　果発表会をすることになりました。学級担任として、調べ学習を始
　　　　　めるにあたり、導入の指導をしなさい。（京都府、中、２次）
設問（２）ICT を授業のなかでどのように活用するか。また、その際の留意点
　　　　　は何か。（大阪府、中、１次）
設問（３）「子どものコミュニケーション力を高める授業」とはどのような授業
　　　　　か。（奈良県、１次）

〈解説〉
　子どもたちに学習への意欲と関心を育み、子ども自身が主体的、能動的に学
ぶ自己学習能力を育成することは、教科、校種の別なく、共通の課題である。
そのような「学力」は、教師が一方通行的に注入的教育をしても、身につける
ことは難しい。結局は、様々な形態のアクティブ・ラーニングを組み合わせて、
子ども自身が考え、行動（経験）することによって、学びとっていく他に道は
ない。

　そのような学習活動のなかで、より効果的な学習の形態は、やはり子ども
たちが子どもたちに教え、学ぶというピア・エデュケーションである。そのよ
うな学習のネットワークが幾重にも重なり合うことで、子どもたちのコミュニ
ケーション力も高められ、相乗的好循環が生まれるのである。

　その意味では、まず教員は、子どもたちの良識と力を信じ、子どもたちが自
らの考えたことを自らの言葉で同年代の子どもたちに表明する機会を創出する
ことである。すでに、アクティブ・ラーニングに関する実践報告は、本書をは
じめ文献に、ネット上に、また各種研修会でも、数多く紹介されている。

　とりわけ、IT 技術の進歩は、これまでにはない新形態のアクティブ・ラー
ニングを生み出している。たとえば、ハーバード大学の「白熱教室」で著名な
マイケル・サンデル教授は、ベンチャー企業が開発したソフトとアップル社の
タブレット（多機能携帯端末）を使い、国境を越えて世界中の学生が議論に参
加できる「グローバル教室」の実践を始めた（日本経済新聞 2012 年 12 月 24
日）が、インターネットを通じて国内外の子どもたちが ICT を活用した交流の

経験をもつことは今や珍しいことではない。このような教育の情報化とグローバル化のなかで新たな ICT 活用を実践する気概が、採用試験においても試されているといえよう。

注
1) この考査評価問題については、「社会科授業研究・現代社会」1986 年 2 月号（学事出版）、pp.70-73 に掲載された。これまで私が作成した定期考査の中では、客観テストを最も多用したものであった。
2) 平田啓一『授業設計の演習』(1977 年) p.130 以下、福西宗竝「Computer で遊ぶ」西宮市立西宮東高等学校研究紀要 9 号 (1982 年) p.61 以下参照。本章では、ここに注記した以外にも、これらの論稿から全般的に教示を得るところが多かった。
3) 注意係数の意義については、平田・前掲書 pp.141-147 を参照した。
4) 平田・前掲書、p.144 および p.147 参照。ただし、次の点については、平田氏の主張と私の見解は異なる。平田氏は、「注意係数 0.5 以上の生徒・問題につき特に注意すべき」とされている。これは、数学・理科といった学習内容の理解段階が比較的明らかな教科について、妥当なものであって、社会科のような記述的理解を主な内容とする教科では、生徒の個々人によって、どの設問を正答しやすいかはバラつきが生じやすく、問題の注意係数 0.5 を「要注意」と考えることは現実的でない。この本章では、図表 10-6 のように注意係数 0.7 を基準として考察した。
5) この高校では、社会科として、1 年次の現社レポート作成、2 年次の日本史「歴史旧聞」の作成、社会ゼミの諸活動など、多角的に取り組まれており、さらに、国語ゼミの論文作成や保健の研究発表活動、生物の聞き取り調査や体験的学習など、他教科においても、実に様々な取り組みが行われていた。
6) S-P 表の活用については、『コンピュータ処理による S-P 表分析の活用法−学習指導の個別対応のために』明治図書出版 (1998 年) 等がある。

終章　アクティブ・ラーニングの源流と未来

　アクティブ・ラーニングの定義を、学習者が能動的に学ぶ教育形態とし、その内実を「主体的、対話的で深い学び」とらえるならば、そのような教育活動は、日本の近代教育史のなかに、その萌芽をみることができる。

　1872（明治5）年、「学制」が制定され、教員養成のために官立師範学校が設立された。官立師範学校では、アメリカ人「お雇い教師」であったスコット（Scott.M.M）によって、一斉教授法に基づく指導法が教授された。このように日本の近代学校教育の導入は、教育方法論の移入をはじめ、教材教具（黒板等）から教室のレイアウトに至るまで欧米の模倣による教育改革が徐々に進められた。それまでの「寺子屋」教育では個々のニーズや学習進度に合わせた個別指導ないし小人数教育が一般的であったのに対して、明治初期に導入された学校教育は、同じ学習レベル（等級）の生徒に画一的な知識を一律かつ一定の時間内に注入する教育方法が採用されたのである[1]。そして、教師による指示、指名、板書の技術なども含めて、その一斉教授法は、その後の日本の学校教育のスタンダードとなっていった[2]。他方、そのような一斉授業とともに、スコットや欧米留学生（高峰秀夫ら）は、アメリカに〈オブジェクト・レッスン object lesson〉として伝播していたペスタロッチ主義運動を日本に紹介し、「庶物指教」、「開発教授」等と呼称される体験的学習も展開されていった[3]。そのような能動的学習は日本におけるアクティブ・ラーニングの萌芽ともいえよう。

　その後、大正期（明治末期から昭和初期を含む）には、大正デモクラシーを背景として、「児童中心主義」の教育実践が、様々なかたちで取り組まれた（明石女子師範[4]付属小学校の及川平治[5]主事の「分団式動的教育法」、沢柳政太郎の私立成城小学校[6]等）。これらの児童生徒の主体性を尊重しようとした能動的な学習は、今日の教育実践のあり方を省察する場合にも、重要な示唆を与えうる[7]。

　さらに日本各地で展開された「生活綴方」教育も、日本におけるアクティブ・ラーニングの源流の一つ挙げてもよいであろう。

　綴方教育とは、広義には、文章表現の能力の育成をはかる教育の総称である。「綴り方」は、1900年の第三次小学校令施行規則3条により、国語学習の内容とされた。その教育実践のなかで、樋口勘次郎や芦田恵之助らは、生徒の自発的活動としての作文を重視する「自由発表主義の作文教授」や自由な題材で文を綴らせる「自由選題主義」を提唱し、後の「生活綴方」の基礎となる理念を提示・実践した。大正期になると芸術教育運動とも結びつきながら、単なる作文指導の域をこえ、「生活綴方」は教育運動の一つとみなされるようになっていった。そこでは「生活綴方」は、生活者としての子どもが、自分自身の生活のなかで見聞きしたり、感じたり、考えたことを、自分のことばで表現すること、あるいはその作品、または、その指導実践や指導過程を意味するものとされ、このような「生活綴方」教育は、日本特有の教育運動として各地で展開されていった。しかし、戦時体制下の1940年頃には、このような自由主義的教育活動に対して厳しい弾圧が加えられた(三浦綾子の小説『銃口』のモデルとなった「北海道綴方教育連盟事件」等)が、戦後まもなく1950年に「日本綴方の会」が誕生(翌年「日本作文の会」と改称)するなど、「生活綴方」の理念と実践は今日まで継承されてきた[8]。

　論作文は、文章を通じた他者との「対話」であると同時に、自己の体験や思考と向き合う「対話」でもある。その意味で、論作文は自他との「対話」である。このような思索を通じて綴られた論作文は、実体験を通じて、自他の課題を探究する学習と言い換えてもよいであろう。アクティブ・ラーニングにおいて重視される「主体性」、「対話」、「学びの深まり」は、「綴方教育」のあり方と重なる点も多い。

　このように現在の我が国におけるアクティブ・ラーニングのあり方を考察するうえで、近代日本の教育政策と教育運動の歴史的経緯とそれらの実践者が何を希求していたか、その理想とする教育とは何かに想いを馳せる価値は大きい。

　日本の教育のみならず、世界の教育哲学と教育原理に学ぶべき点も数多い。本書では、決して十分にその本質を述べられてはいないが、学修者の関心に応じて幅広い視点から、あるべき教育方法を探究し、その成果を主体の能動的かつ対話的な教育実践の成果と反省を未来のアクティブ・ラーニングの実践的に活かしてもらいたい。その実践の積み重ねこそが、より良い教育と日本社会、

ひいては平和で民主的な国際社会の実現に寄与するに違いない。

〈問題演習５〉　採用試験出題例にみる教育思想

　設問　次の人名と語句の組み合わせのなかで、最も不適当なものを一つ選び
なさい。

　1.　ソクラテス－問答法
　2.　ペスタロッチ－直観教授
　3.　ヘルバルト－分団式動的教育法
　4.　小砂丘忠義－綴方教育

　解答　3

〈解説〉

　分団式動的教育法は、及川平治の教育思想である。及川は、学習内容に応じ
て児童がグループに分かれて学ぶ分団式教育を提唱した。この分団式教育法で
は、子どもの学習の状況に応じて、「全体」「集団」「個別」等と柔軟に学習集団
のかたちを変えて、子どもが能動的に学習する力や自学自習の力を育てること
を目的とした。また、ヘルバルトは、18-19世紀のドイツの教育学者で、教育
の最高目的を徳性の涵養とし、教育の過程を、明瞭、連合、系統、方法（活用）
の４段階に分ける体系的な４段階教授法を唱えた。後にヘルバルトの後継者
は、学習過程を予備、提示、比較、総括、応用の５段階と改め、この５段階教
授法が日本を含む諸外国に広く紹介・導入された。ペスタロッチも、ヘルバル
トと同様に18-19世紀に活躍したスイスの教育学者である。ペスタロッチは、
実物に触れたり見たり等、五感をつかって学ぶ直観教授（実物教授）を提唱し、
言葉や文字だけではなく、模型、絵、標本、実物教材などを使った直接経験が
重要だとした。なお、ペスタロッチは、主著『隠者の夕暮れ』（1780年）で、「す
べての子どもは、貧富に関わらず教育の対象である」と述べたことも有名であ
る。ソクラテスの教育思想については本書「はじめに」を参照されたい。

注
1) 学制発布直後の小学校は、従来の寺子屋と同様に、寺社、民家、能舞台などを借用、改造して作られたものが多かったが、次第に、洋風または擬洋風の小学校校舎の新築が進められた。そして、就学生徒数の増加や小学校教員伝習所の整備につれて、教員の資質も改良されていったとされる（文部科学省『学制百年史』https://www.mext.go.jp/b_menu/hakusho/html/others/detail/1317552.htm）参照。
2) 松本裕司（1990）「明治初期における授業指導技術の形成過程について」日本教育方法学 会紀要「教育方法学研究」16 巻 p.30-37。
3) 日本の明治期の「庶物指教」をはじめ、日本の体験教育の歴史展開については、森山賢一（1999）「体験的学習に関する研究－その歴史的考察と現代的展開」教育実践学研究 3 号 p.25-38。スイスの教育家であるペスタロッチ（J.H.Pestalozzi）とその教育思想については教育学 / 教育史に係る事典及び百科事典を参照。
4) 明石女子師範学校は、第二次大戦後に新制神戸大学教育学部（現・国際人間科学部）の前身の一つ。
5) 及川平治の教育思想に関しては、及川平治（1923）『動的教育論』内外出版、同（1915）『分団式各科動的教育法』弘学館書店のほか、木下繁弥（1967）「及川平治の教育方法論と教育実践の展開」日本教育学会「教育学研究」.34（1）p.18-27。 立川正世（1993）「及川平治の『動的教育論』」名古屋大學教育學部紀要 .40（2）p.49-58 参照。
6) 沢柳政太郎の経歴、業績、教育思想及び成城小学校の沿革等に関しては、成城学園教育研究所 HP（https://www.seijogakuen.ed.jp/edu-lab/）参照。
7) 中野光（1968）『大正自由教育の研究』黎明書房。
8) 「生活綴方」教育は、1929（昭和 4）年に小砂丘忠義、今井誉次郎らが創刊・編集した雑誌『綴方生活』（郷土社）によって成立したとされる（日本大百科全書「生活綴方運動」（https://kotobank.jp））。小砂丘らは、1930 年 10 月号に「『綴方生活』第二次同人宣言」を発表し、その基本理念を示した。小砂丘忠義の綴方教育論に関する先行研究と全体像ついては、神郁雄（2007）「小砂丘忠義の綴方教育論－文章表現の機能を中心にして」日本教育方法学会紀要『教育方法学研究 』33 巻 p.169-180。山田直之（2020）『芦田恵之助の教育思想－とらわれからの解放をめざして』春風社。「生活綴方運動」日本大百科全書（ニッポニカ）。 https://kotobank.jp/word/ 生活綴方運動 -1553101 参照。筆者自身、1960 年代から 1970 年代にかけて在籍した神戸市立の小中学校で、このような綴方教育を経験した一人ある。「作文教育」の全市的な取り組みとして、児童の応募作（作文、詩等）を編集した文集「はぐるま」が刊行されてきた。他にも、児童の作品を新聞や「学校（学年）便り」に掲載する取り組みもあった（掲載例：吉田卓司（1970）「七時過ぎ」（小学 6 年）「肉屋さんがシャッターをおろしている / 化しょう品店には客が二、三人 / つけもの屋さんは、たるを洗っている / ショーショー、ワシワシ / 水がこぼれても平気で仕事をしている / 服屋さんは服をきちんとならべている /「少し残ったなあ」しぶい顔の八百屋さん / 野菜を店のおくへ移している」[サンケイ新聞神戸ニュース「こどものうた」1970 年 7 月 4 日版 12 面]）。掲載例の作文や詩は、家庭内外の労働や生活をテーマとし、実体験をありのままに表現したもので、それが綴方教育の企図に合致したことが掲載理由であったと思われる。このような学習体験が、私自身のその後の教育実践と指導観に一定の影響を与えたことは疑念の余地がない。

172

あとがき

　本書も、これまでの私の著書、論文と同様、多くの先生方や教育実践をともにした同僚諸氏より、御指導、ご鞭撻を得た。そして、授業を通じて接してきた数多くの生徒、学生たちからも教えられることが非常に多かった。それらの人との繋がりと出会いがあってこそできた本書の実践と研究である。ここで取り上げた教育実践を通じて出会えた全ての人々に、心からの敬意と感謝を表したい。

　また、私の最初の単著は『生徒指導法を学ぶ』であるが、同書は三学出版創業者中桐信胤氏の熱心なご支援を得て刊行できたものである。それ以降も『教育方法原論』刊行等で何かとお世話になってきたが、同氏の急逝により『教育実践基礎論』（初版）の刊行が最後の共同作業となってしまった。コロナ禍の社会状況に抗し、予想外に速いテンポで、これらの書籍が改訂・増刷となり、また、今回『教育方法原論』の抜本的改訂版である本書刊行も、故中桐信胤氏の手腕によるところが大きいと思っている。そして、『教育実践基礎論』等の改訂や、本書の刊行には、引き続き三学出版の中桐和弥氏より、丁寧で迅速な御助力をいただいている。また、本書校正作業には、妻真由美の献身的な協力を得た。本書の完成は、これらの方々のご尽力によるものである。ここに記して感謝の意を表したい。

　なお、本書の書名に「実践研究」の語を用いたが、その理由は、前著にも記した通り、実践と研究の二語は、私自身にとって、「実践と研究」のように分断できるものではなく、「実践的研究」のように、修飾語と被修飾語のような関係でもなければ、「実践のための研究」という目的と手段のような関係とも考えていないからである。このように私自身の信条として、「実践」と「研究」は「一体不可分」であり、「実践研究」の目的は、子どもの発達権保障と社会改革にある。その意味をこめて、本書でも「実践研究」の語を用いることにした。

　本書が、学校教育と教職教育の前進に少しでも寄与できればと、心から願っている。

2023（令和5）年 2月 21 日
西宮市の自宅にて
吉田　卓司

初出論稿一覧

1章　「看護系大学における教職教育－私の授業『教育原論』・『教育社会学』・『生徒進路指導論』・『看護教育方法』等におけるアクティブ・ラーニング」阪神地区私立大学教職課程研究連絡協議会「阪神教協リポート」40号（2017年）pp.47-53。

2章　「次期学習指導要領のコンピテンシーを考える」兵庫民主教育研究所「ひょうご民研だより」79号（2017）pp.1-3、「学校はどう変わり、何を目指すべきか－次期学習指導要領と入試『改革』」兵庫民主教育研究所「ひょうごの子どもと教育」2017年4号 pp.8-14。

3章　書き下ろし。

4章　「人権学習の1つの試み」西宮市教育委員会『まど』55号（1984年）pp.68-70。

5章　「社会科教育と主体的学習能力（1）」西宮市立西宮東高等学校『研究紀要』20号（1993年）pp.22-36。

6章　「社会科教育と主体的学習能力（2）」西宮市立西宮東高等学校『研究紀要』21号（1994年）pp. 13-31。

7章　「『生から死へ』の報告学習－『政治・経済』授業で生徒が考えたライフスタイル」西宮市立西宮東高等学校『研究紀要』22号（1995年）pp.12-22。

8章　「図書・視聴覚を利用した平和教育」兵庫県教育センター『研究紀要』16号（1984年）pp.45-52。

9章　「『生きる力』を育む小論文学習－自己を見つめ、個性を表現し、社会と向き合う新聞投稿の試み」兵庫県教育委員会『月刊兵庫教育』平成11年 2月号（1999年）pp.52-55、「わたしの評価問題『現代社会』中間考査」学事出版『現代社会』1986年 2月号 pp.70-73。

10章　「社会科の授業設計とコンピュータ－コンピュータ委員会の協力によるデータ処理プログラムの利用」西宮市立西宮東高校『研究紀要』13号（1986年）pp.21-34。

終章　書き下ろし。

（付記）本書への収録に当たり、全体的に相当程度の加除修正を行った。ここでの初出論稿の提示については、元の原稿の原型となっている論稿を掲載した。

吉田卓司 （よしだ　たかし）

現職　藍野大学医療保健学部准教授
略歴　1958 年兵庫県神戸市生まれ
　　　大阪大学大学院人間科学研究科博士課程後期課程単位取得満期退学

〔主な著作〕
単著
・『教育実践基礎論－アクティブ・ラーニングで学ぶ [改訂版]』三学出版 (2022)．
・『教育方法原論－アクティブ・ラーニングの実践研究』三学出版 (2013)．
・『生徒指導法の実践研究－健全育成と教職教育の新戦略』三学出版 (2008)．
・『教職入門・生徒指導法を学ぶ』三学出版 (2004)．
共編著
・『総合的な学習 / 探究の時間の実践研究』渓水社 (2021).
・『新版・子ども虐待と向き合う―兵庫・大阪の教育福祉の現場から』三学出版 (2020)．
共著
・『問答式・学校事故の法律実務』新日本法規出版 (1987 〜 2023 加除式刊行継続中)．
・『考えを深めるための教育課程』ミネルヴァ書房 (2023).
・『最新・学校保健』ふくろう出版 (2021).
・『ソーシャルキャピタルを活かした社会的孤立への支援』ミネルヴァ書房 (2017).
・『すべての子どもたちを包括する支援システム』せせらぎ出版 (2016).
・『学校の中の犯罪と事件Ⅰ．Ⅱ．Ⅲ』批評社 (2002-2005)．
・『授業・「従軍慰安婦」』教育史料出版 (1998)．
・『いのちの重みを受け止めて・子どもの人権と兵庫の教育』神戸新聞総合出版センター (1997)．
・『俺たちの少年期・少年たちと支援者の軌跡』法政出版 (1995)．
・『懲戒体罰の法制と実態』(共著) 学陽書房 (1992)．

教育方法の実践研究
－教育の原理とアクティブ・ラーニング－

2023 年 3 月 20 日初版印刷
2023 年 3 月 30 日初版発行

著　者　吉田卓司
発行者　岡田金太郎
発行所　三学出版有限会社

〒 520-0835 滋賀県大津市別保 3 丁目 3-57 別保ビル 3 階
TEL 077-536-5403　FAX 077-536-5404
https://sangakusyuppan.com

モリモト印刷（株）印刷・製本